Money錢

Money錢

五線譜投資術 進階版

活用五線譜
漲跌都能賺

樂活五線譜 搭配 樂活通道
投資不盯盤 3分鐘抓出買賣點

薛兆亨
Tivo168　合著

Money錢

獻給親愛的 Allan Lin

 ▶目錄

Part 1

五線譜基本原理

Part 2

五線譜不敗投資法

Part 3

五線譜基金操作法

Part 4

五線譜現金流存股法

Part 5

小資達人投資術

在2016年，我和 Tivo168 合著的《五線譜投資術》出版之前，與我們共同研究五線譜的 Allan Lin 匆匆離世，我們來不及將 Allan 的對話整理出來放在書中。經過 2 年的整理，我們補足了 Allan 最關心的現金流投資標的中的高收債及 REITs，讓五線譜與現金流投資法更加完整。

另外，很多小資族還是不習慣複委託或到國外券商開戶去投資 ETF，在國內買海外基金，仍是這些小資族習慣的投資方式，這次我們介紹基金五線譜，讓投資基金的人也可以享受五線譜低買高賣的樂活投資方式。

推廣五線譜兩年來遇到的一些問題，我們也提供解決策略，讓這本書成為五線譜投資術的「進階版」。諸如負斜率要如何投資、樂活通道如何單獨使用或搭配五線譜運用、五線譜投資的資金配置、當樂活通道未發生訊號時如何用 KD 值來取代……這些進階投資策略的介紹，可以讓讀者更靈活地運用五線譜來投資。

定期定額則是本書要強調的重點，很多人不喜歡低買高賣、不喜歡看盤，也不想抓高低點，定期定額是不錯的基金投資方式。然而，對於已經有一筆錢的投資人，例如擁有 100 萬或 500 萬元的投資人，不可能一次 3,000 元或 10,000

元扣款，那要扣到哪個時候呢？針對這種已經擁有第一桶金的投資人，我們介紹了 36 期 20% 定期定額投資法，讓你不用抓股市的高低點進行低買高賣，只要定期定額扣下去就好，直到獲利 20% 就獲利了結。

我們在 2010 年於部落格提出這個概念後，在 2017 年 7 月發展網路試算系統，結果在 2018 年 1 月出現賣出訊號，而且賣在相對高點。回測過去 20 年的台股，共有 6 次賣出訊號，幾乎都可在高點賣出，這種傻瓜定期定額投資法，也可以抓到高點賣出，很值得推薦。

本書最後加了我好友投資達人「二兩」的動態調整價值型投資法，他在 17 年內獲利 76 倍的投資績效，值得介紹給不畏挑戰的投資人。

這篇內容本來 2 年前就要放在《五線譜投資術》中，後來因故沒放。相對於五線譜或定期定額是比較容易執行的「易行道」，二兩的投資法必須花較多時間才能達到財務自由，但報酬率較高，同時也要承受較高的風險。對於想要快速達到財務自由的積極型投資人，動態調整價值型投資法是不錯的方法。

我跟 Tivo168 會持續推廣五線譜，讓這種樂活投資法更普及，以完成 Allan 的心願。

在薛兆亨教授和我合著的《五線譜投資術》中，我們沒能放入 Allan Lin 的投資觀點。Allan 離世後，他的部落格「股息 現金流 被動收入 理財的心路歷程」（allanlin998.blogspot.tw）持續發揮影響力，部落格的內容雖然不再更新，還是有很多新讀者從部落格找到 Alpha168 臉書社團，希望對五線譜投資術有更深入的了解，並與投資朋友互動討論。

投資除了要有方法，更要有工具，五線譜就是用來協助大家，樂活地完成投資決策。這兩年世界發生了許多變化，Yahoo Finance 關閉了免費的歷史股價資訊，微軟的 Excel 也有相容性問題。礙於人力，我們不再提供公益版的 Excel 程式供投資朋友免費下載，改為公益版的樂活五線譜及樂活通道網頁（invest.wessiorfinance.com/notation.html），仍是讓投資朋友免費使用。

維持一個網站的運作，除了需要費用外，還要有時間及人力，在沒有實質報酬下，有意願才能繼續向前走，感謝幕後團隊的發願，讓五線譜網頁版 2 年來能正常運作。

薛兆亨教授和我仍會持續推廣五線譜投資術，讓更多人接受這種樂活的投資方法，並完成 Allan 的志願。

五線譜網頁版及樂活通道

本書作者設立了「樂活五線譜」
網站，進入方式如下：

❶ 用手機掃描QR Code，
或輸入完整網址invest.
wessiorfinance.com或
短網址bit.ly/2Jha6ra
進入。

❷ 輸入股票名稱或代碼，
然後按「繪圖」。

❸ 以元大台灣50為例，
網頁會出現「樂活五線
譜」和「樂活通道」的
線圖。

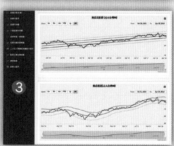

Part 1

五線譜基本原理

五線譜的原理是，在趨勢線上方和下方各加減2個標準差，形成5條線，用機率來克服人性的貪婪與恐懼，以達到不動心樂活投資的境界。

1-1
台股萬點
股價貴或便宜？

台股在 2017 年 5 月 11 日突破暌違 17 年之久的萬點，至本書 2018 年 4 月截稿時仍站穩在萬點之上，創下史上最長的萬點行情。

在指數萬點時，股票是貴，還是便宜？這個問題沒有人有答案，但我知道，上市公司的 1 倍股價淨值指數，由 1999 年 1 月的 1979 點，上升到 2017 年 11 月的 6034 點，18 年來提升了 304.9%，平均每年複合年增率為 6.38%。這就

是長期持股的好處，可以在股市享受經濟成長的果實，而且
實際的報酬率會高於 6.38%，因為每年還有 3% 左右的股息
殖利率。

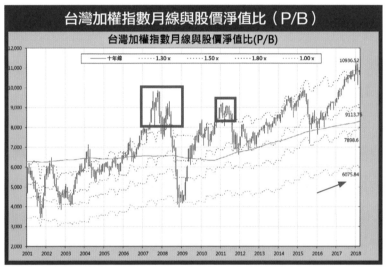

資料來源：台灣證券交易所

　　由上圖可以看出，2001 年迄今，台股的股價淨值比在
1～2 倍之間，用中間的 1.5 倍的股價淨值比線當作合理位
置，合理高點是 1.8 倍股價淨值比，超過 1.8 倍到 2 倍的位
置就算是超高了。以 2017 年 11 月的 1 倍股價淨值比 6034
點來推算，1.8 倍股價淨值比為 10861 點。

台股會不會超過 1.8 倍股價淨值比呢？當然會，2007 ～ 2008 年，台股高於 1.8 倍股價淨值比 2000 點，2011 年高於 1.8 倍股價淨值比 500 ～ 1000 點，已經超越歷史趨勢的漲幅，超過的這個部分我將之視為貪婪，我不會承擔這麼高的風險。

台股的股價淨值比很少低於 1 倍

至於 1 倍股價淨值比是高或低呢？ 2008 年底，台股出現過股價淨值比低於 1 倍，我們以 1.3 ～ 1.5 倍當作相對偏低的位置，1.5 ～ 1.8 倍當作相對偏高的位置，10000 點除以 1 倍股價淨值線的 6034 點，股價淨值比則為 1.66 倍，其實是處於相對偏高的位置。

證券市場的上市公司，如果將賺的錢先發放現金股息，剩下的盈餘保留在公司內部，這些錢就會使得淨值變高。台灣就是這樣，每年以平均 6.38% 的速度提高淨值，因此，長期持有台股應該會獲利。

有些人堅持，指數 5000 點或 3000 點以下才是低點，我認為，時空背景不同，隨著上市公司淨值的提升，合理股價

也應該跟著調升，不能拘泥於歷史的高低點。

　　道瓊指數在 1929 年的經濟大恐慌跌到 39 點，目前指數已經到了 5 位數，還會跌到 39 點嗎？台北市仁愛路的房價曾經每坪 7 萬元，現在還會跌到 7 萬元的價位嗎？千萬不要被過去的最低指數錨定住了。

投資想賺錢 必須低點買進、長期持有

　　如果從元大台灣 50（0050）於 2003 年 6 月上市後就買進，一直持有到 2017 年 12 月，這段期間的實際報酬率可能不是 9.38%（6.38% 淨值成長率＋3% 現金殖利率），有的人賺的遠超過這個數字，有的人則是低於這個數字。

　　單筆投資的實際報酬，會根據買進的時間點與價位高低而有所差異。如果在 2003 年 6 月買進 0050，到 2017 年 12 月可賺 250.9%（174 個月）；如果在 2007 年 10 月才買進，持有到 2017 年 12 月，卻僅賺 59.7%（122 個月）。

　　主因不是長期持有，兩者持有時間都不短，那是因為買進的時機與價位不一樣，2007 年 10 月的加權指數高達 9859 點，2003 年 6 月則只有 4872 點，導致報酬率差了 4 倍。

　2009 年 1 月買進，到 2017 年 12 月可賺 246.9%（108 個月），2011 年 1 月買進，則僅賺 58.5%（84 個月）。因此，要有長期滿意的報酬，取決於 2 個因素：持股時間長短，和買進價位的高低，兩者缺一不可。

單筆：低點買進　定期定額：隨時買

　有人說，什麼叫高點、什麼叫低點，沒有人知道，所以要隨時買進，以享受時間增值的複利威力。我不這麼認為，絕對的高點與低點沒有人知道，但是相對高點與低點，倒是可以了然於胸。

　　以前述的台灣 50 為例，所謂的低點，就是在趨勢線以下才買進。為什麼在 2003 年 6 月買進可以賺 169.4% 呢？因為在趨勢線以下買進，而且長期持有。為什麼在 2007 年 10 月買進僅賺 59.7%？雖然長期持有，卻是在趨勢線以上高點買進。為什麼在 2009 年 1 月買進可賺 246.9% 呢？因為在趨勢線以下很低才買進。

　　以相對高點的 2007 年 10 月為例，每月投入 1 萬元定期定額，到了 2017 年 12 月總共投入 123 萬元，累積淨值達 2,069,934 元，獲利 839,934 元，年化報酬率為 9.36%。

\	\	\	\	\	\	\	\	\	\	\
\	\	\	\	從 2007 年 10 月相對高點定期定額買進 0050	\	\	\	\	\	\
年度	現金股息	股票股息	合計	平均成本	殖利率	淨值	累積投入成本	累積獲利	年度獲利	當年度年化報酬率	累積報酬率（非年化）
2007	0	0	0	0	0%	28,574	30,000	-1,426	-1,426	-13.80%	-4.75%
2008	4,144	0	4,144	95,000	4.36%	101,535	150,000	-48,465	-47,039	-51.80%	-32.31%
2009	5,255	0	5,255	215,000	2.44%	333,845	270,000	63,845	112,310	74.32%	23.65%
2010	16,733	0	16,733	335,000	4.99%	516,620	390,000	126,620	62,774	16.08%	32.47%
2011	19,383	0	19,383	455,000	4.26%	545,021	510,000	35,021	-91,599	-15.98%	6.87%
2012	23,401	0	23,401	575,000	4.07%	734,639	630,000	104,639	69,618	11.62%	16.61%
2013	20,604	0	20,604	695,000	2.96%	947,125	750,000	197,125	92,486	11.62%	26.28%
2014	27,223	0	27,223	815,000	3.34%	1,231,110	870,000	361,110	163,985	16.35%	41.51%
2015	39,488	0	39,488	935,000	4.22%	1,268,096	990,000	278,096	-83,014	-6.40%	28.09%
2016	18,556	0	18,556	1,055,000	1.76%	1,647,164	1,110,000	537,164	259,068	19.56%	48.39%
2017	56,219	0	56,219	1,175,000	4.78%	2,069,934	1,230,000	839,934	302,770	17.74%	68.29%
累積	231,004	0	231,004	577,273	40.02%	累積股數 25,197		年化報酬 9.36%		變異係數 4.10	

　　在相對低點的 2009 年 1 月開始定期定額買進 0050，到了 2017 年 12 月總共投入 108 萬元，累積淨值達 1,743,552 元，獲利 663,552 元，年化報酬率為 9.84%。

　　在相對高點與相對低點執行定期定額投資策略，年化報酬率差不了多少，不過，提早定期定額，可以累積較多的本金，最後的獲利當然比較高。

　　然而，如果是在相對高點開始投資，第 1 年及第 2 年會產生 -13.80% 及 -51.80% 的報酬率，這 2 年的虧損就會讓人受不了，甚至因此停止投資計畫。反之，若在相對低點投資，

年度	現金股息	股票股息	合計	平均成本	殖利率	淨值	累積投入成本	累積獲利	年度獲利	當年度年化報酬率	累積報酬率(非年化)
2009	2,166	0	2,166	65,000	3%	156,141	120,000	36,141	36,141	72.73%	30.12%
2010	9,808	0	9,808	185,000	5.30%	315,842	240,000	75,842	39,701	18.86%	31.60%
2011	13,007	0	13,007	305,000	4.26%	375,518	360,000	15,518	-60,324	-16.18%	4.31%
2012	17,105	0	17,105	425,000	4.02%	545,263	480,000	65,263	49,745	11.48%	13.60%
2013	15,852	0	15,852	545,000	2.91%	735,687	600,000	135,687	70,424	11.75%	22.61%
2014	21,640	0	21,640	665,000	3.25%	984,767	720,000	264,767	129,080	16.35%	36.77%
2015	32,118	0	32,118	785,000	4.09%	1,036,942	840,000	196,942	-67,826	-6.52%	23.45%
2016	15,321	0	15,321	905,000	1.69%	1,370,590	960,000	410,590	213,648	19.56%	42.77%
2017	46,912	0	46,912	1,025,000	4.58%	1,743,552	1,080,000	663,552	252,961	17.74%	61.44%
累積	231,004	0	231,004	577,273	40.02%	累積股數 25,197		年化報酬 9.36%		變異係數 4.10	

從 2009 年 1 月相對低點定期定額買進 0050

第 1 年就賺了 72.73%，一路獲利，投資路上會信心滿滿。

我們再以中碳（1723）為例來說明。這檔股票曾經在 50 元以下持續一段很長的時間，也曾經漲到 200 元以上，後來又跌到 100 元附近。假設你是從 200 元跌下來在 140 元附近撿便宜買進，跌到 100 元時，你的壓力大不大？會不會想要停損呢？

但是如果是在 50 元左右買進，扣除已領的股息，幾乎是零成本了，你當然抱得住。這個案例告訴投資人，低檔買進有助於心理健康，想要存股獲利，也必須低檔買進。

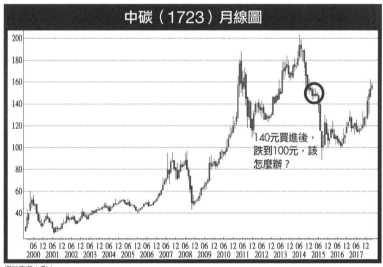

資料來源：CMoney

1-2

要買資產
不要買負債

羅勃特·T·清崎在《富爸爸，窮爸爸》一書中強調，富人和窮人的想法不同，富人認為，買房子是買資產，窮人則認為房子是負債。

同樣是買房子，會因為你的運用方式不同，而變成資產或負債。例如你在台北市信義計畫區用 3,000 萬元買了一棟房子，同時向銀行借了 2,000 萬元的房貸。如果你將房子整修一下，以 3,500 萬元出售，或者以每月 10 萬元出租，你買

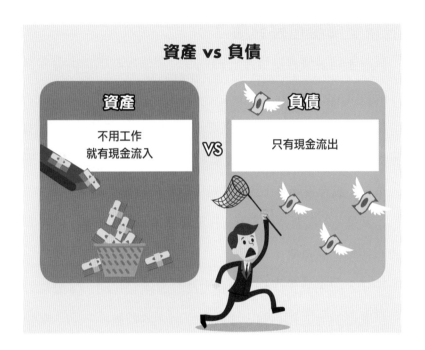

進來的就是資產。如果你買了房子自己住，則買進來的就是
負債。

　　整修一下就將房子出售，賺到 500 萬元的利潤，或者以每
月 10 萬元出租，扣掉支付銀行的利息及相關費用，仍有現金
流入，這麼做，你買的不動產就是資產。如果你是買來自己
住，每個月要支付房屋相關費用及銀行借款利息等，這就是
負債。

股票是資產還是負債？

買房子可能會是買資產或買負債，那買股票呢？也會有資產與負債之分嗎？

例如，同樣花100元買進4檔股票，A股票每年帶入10元股息（現金流入），B股票每年帶入1元股息（現金流入），C股票沒股息，D股票發生財務危機變壁紙。

答案是：A股票是好資產，B股票是差一點的資產，C股票和D股票都是負債。

可是，如果我告訴你，A股票及B股票都是同一家公司，只是買進的時間點不同，導致現金流入的報酬率不同。例如某甲在股票10元時買進10張，投資100元賺10股息收

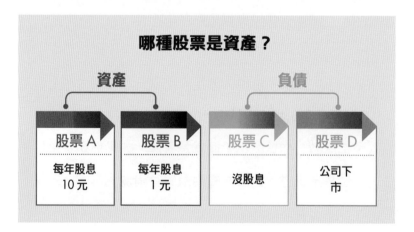

哪種股票是資產？

資產　　　　　　　　負債

股票A	股票B	股票C	股票D
每年股息 10元	每年股息 1元	沒股息	公司下市

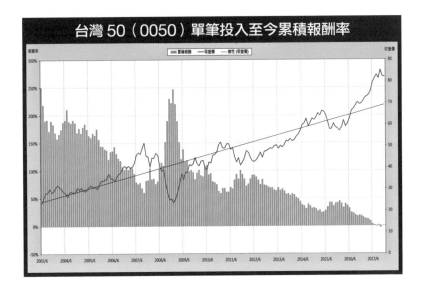

台灣 50（0050）單筆投入至今累積報酬率

入，某乙在 100 元時買進 1 張，投資 100 元賺 1 元收入。

以元大台灣 50（0050）平均每年配 2 元股息為例，在 50 元買進的殖利率是 4%，在 80 元買進的殖利率只剩 2.5%，同樣會配股息，都是資產，但在 50 元買是買進好資產，相對的，在 80 元買就不是買進好資產了。同樣都是買資產，某甲有很高的財務 IQ，某乙就變成了財務阿 Q。

長期投資股票，可以參與經濟成長的果實，過去 200 年來，不論指數在 3900 點或 10000 點，投資股票的平均年化報酬率都是 8.5%，但是你投資的時間並不是 200 年，在

15～40 年的投資生涯中，以不同價位買進股票，結果就大不同。

買進台股的 0050，每年可帶來平均 2 元的現金流，所以是買進資產。然而，如果在下圖的最左邊 2006 年 6～12月買進，只是買到不貴、不便宜的資產；在中間的 2 個時間點買，就是買進壞資產；而在最右邊的 2008 年 10～12 月買進，就是買到好資產。相同的標的在不同的時間點買進，會變成好資產或壞資產，只有在相對便宜時買進，變成好資產的機會較高。

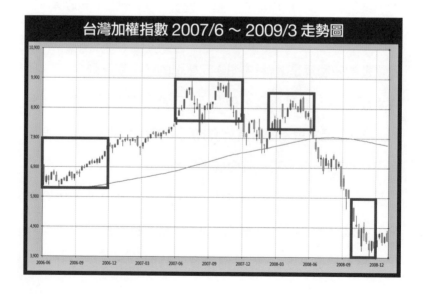

我們在 1-1 提及，在趨勢線以上買進是相對高點，在趨勢線以下買進則是相對低點，然而股價會經常在趨勢線上下起伏波動，導致出現太多的買點與賣點，造成投資者的困擾。

因此，為了解決買進和賣出訊號過多的問題，我們在趨勢線的上方以及下方分別加上 2 條線，形成與漲跌有關的「五線譜」。

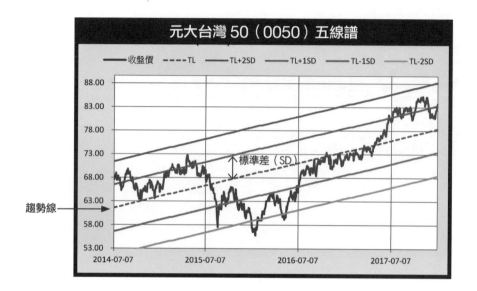

五線譜如何產生？

　　五線譜是在趨勢線（Trend Line，簡稱 TL，圖中紅色虛線）的上方和下方各加減 2 個標準差（Standard Deviation，簡稱 SD），形成 5 條線，用來判斷相對高點及低點。

　　簡單說，五線譜的操作策略是，在 TL-1SD 或 TL-2SD 的「相對低點」買進，然後在 TL+1SD 或 TL+2SD 的「相對高點」賣出。在相對低點買進，成本比較低，不容易賠錢，然後在相對高點賣出，就可以賺到價差。這 5 條線主要是用機率來克

服人性的貪婪與恐懼，以達到不動心樂活投資的境界，所以
又稱它為「樂活五線譜」。

　　投資時通常會遇到 2 種風險：①想買進，結果沒買到，股
價就飆上去了，這是「賺不到」的風險。②買到後，等著上
漲，結果股價卻下跌，這是「賠錢」的風險。

　　賠錢的痛苦感受，遠大於賺錢的快樂感受，五線譜就是
幫助投資人解決這個問題。不論你是存股或賺價差的投資
人，五線譜都可以幫你在相對低點買進，即使遇到像宏達電
（2498）這樣的公司（線圖見次頁），也不會買在高點，用
這樣的方式投資，就能立於不敗之地。

投資的風險

賺不到

想買進，但沒買到，
股價就飆上去

賠錢

買到後，等著上漲，
結果股價卻下跌

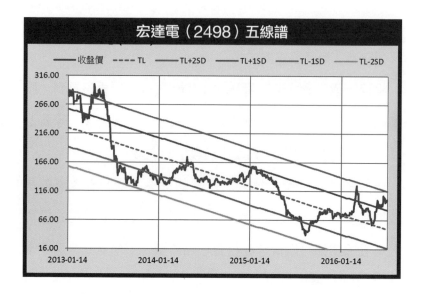

使用五線譜的 3 種狀況

　　使用五線譜時，通常會遇到以下 3 種狀況：

① 在 TL-1SD 或 TL-2SD 的相對低點買進，然後在 TL+1SD 或
　　TL+2SD 的相對高點賣出，這樣最幸福，只要等待就能賺
　　大錢。

② 在 TL-1SD 或 TL-2SD 的相對低點買進，但因為某些因素，
　　賺約 20% 左右就賣出。舉例而言，2016 年 6 月英國脫歐
　　公投過關，11 月川普當選美國總統，有投資人認為風險

很大，沒等到五線譜來到 TL+1SD 或 TL+2SD 的相對高點
就賣出。沒耐心的人仍能小賺，因為在低檔買進，賠錢機
會小。

③ 等待 TL-1SD 或 TL-2SD 的相對低點，可能要等很久。例如
你想等的 TL-1SD 是 27.4 元，結果股價只到 27.5 元，你
可能會提早買進，或者再等下去。以上述英國脫歐公投過
關為例，很多人都根據五線譜在等便宜價，但沒想到 3 天
後又回到最高點。不想買到高點，就必須一直等下去，至
少可確保不會賠錢。

股市的循環波動特性

過去的經驗證明，股市有循環波動的特性，通常短則 3 ～
4 年一個小循環，長則 7 ～ 8 年一個大循環。

然而每次循環的高低點不同，可能創新高，也有可能只回
到上次循環的相對高點而已，如果只靠 7 ～ 8 年的股市循環
做投資，終究不踏實。

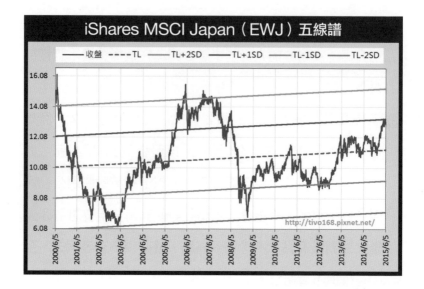

以 iShares MSCI 日本指數 ETF 來看，2000 年從高點往下跌，在 2003 年觸底，然後 2006～2007 年回到高點，剛好 7 年一個循環，然後到了 2015 年再次來到相對高點，中間經過 8 年的時間。

　　以美國的 S&P 500 的 ETF 來看，也是在 2000 年遇到高點，然後在 2002 及 2003 年觸底，最後於 2007 年回升到高點，一個循環剛好 7 年。後來在 2008 及 2009 年又觸底，2013 年突破前波高點，到了 2015 年仍然往上，也是 6 ～ 8 年的循環。

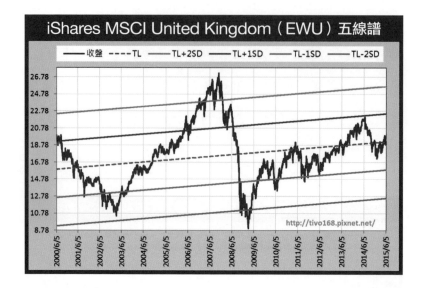

英國也是在 2000 年從高點下滑，一直到 2007 年再度登
峰，也是 7 年一個循環，然後在 2014 又再度回到高點，也
是 7 年一個循環。

　　台灣也一樣，2000 年從高點下滑，在 2001 及 2002 年打

個 W 底，然後到了 2007 年第 3 季又登峰，一個循環剛好 7

年。再來於 2010 ～ 2011 年又出現一個小循環，大概 3 ～

4 年，然後在 2015 年突破高點，也是符合 3 ～ 4 年一個小

循環，7 ～ 8 年一個大循環的型態。

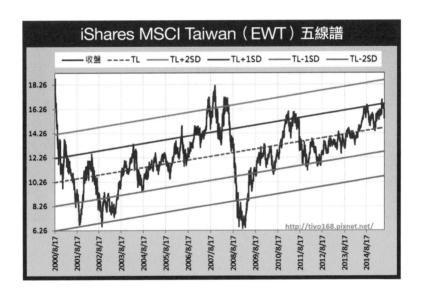

中國的國際化比較晚，2000 年的高點算是相對低點，上
証在 2007 年衝到 6000 點，也是 7 ～ 8 年一個循環。到了
2015 年突破 5000 點，剛好符合 7 ～ 8 年一個股市循環。

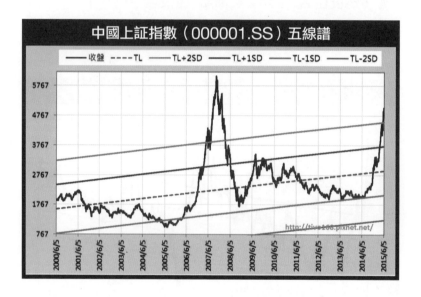

五線譜以 3.5 年計算趨勢線

五線譜是以「曾氏通道」為基礎（詳見《五線譜投資術》P. 85），但改以 3.5 年來繪製五線譜的趨勢線（又稱回歸線），如前述，一個國家的股市循環為 7 ～ 8 年，我們只取半循環 3.5 年，然後在趨勢線上下兩端各加減 2 個標準差，再畫出 4 條線。

小辭典

什麼是曾氏通道？

香港的曾淵滄教授試圖歸納香港恆生指數的長期趨勢，他用直線回歸分析法（Linear Regression）將看似雜亂無章的數據，理出一條恆生指數的長期「直線」趨勢，利於觀察。接著在趨勢線上下各畫 2 條平行線，趨勢線向上與向下至第 1 條平行線的區間，涵蓋 75% 的走勢，而在趨勢線向上與向下至第 2 條平行線區間，則涵蓋了 95% 的走勢。

長期來看，恆生指數就在趨勢線的上下波動，在趨勢線上方的時期為「樂觀期」，下方時為「悲觀期」，平均約有 3 年的樂觀期及 3 年的悲觀期。

　　趨勢線加 1 個標準差，我們稱為「相對樂觀點」，趨勢線加 2 個標準差，則稱為「樂觀點」；反之，趨勢線減 1 個標準差，我們稱為「相對悲觀點」，趨勢線減 2 個標準差，則稱為「悲觀點」。上述定義與一般的統計用法相同。

　　股價如果在低於 1 個標準差的相對悲觀區，或低於 2 個標準差的悲觀區，我們認為再往下跌的機率不高，所以應該買進。股價如果在高於 1 個標準差的相對樂觀區及 2 個標準差的樂觀區，我們認為再漲的機率不多，所以建議賣出。

　　以元大高股息（0056）五線譜為例，大家可以看到，在 3.5 年內有 4 ～ 5 次低買高賣的機會。由於波動率為 4%，減 1 個標準差買，加 1 個標準差賣，可以獲利 8%；如果減 2 個標準差買，加 2 個標準差賣，可以獲利 16%。在 3.5 年間有 4 ～ 5 次機會，獲利不可謂不高。尤其 0056 是 ETF，不會倒閉，如果沒有買賣，每年可收 4% ～ 5% 的現金股息，對於喜歡現金流和賺價差的人，都是不錯的投資方式。

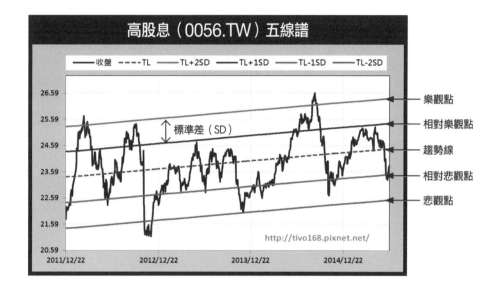

1-4

樂活通道：
對抗黑天鵝的利器

五線譜有個基本假設：股價上下波動服膺常態分布。萬
一出現黑天鵝或肥尾（Fat Tail，又稱厚尾），也就是
出現稀有狀況導致的極端行情，而不適用常態分布，跌到 2
個標準差以下還會再跌很久，漲破 2 個標準差以上可能才是
起漲點，那該怎麼辦？

　　從下圖可看出，俄羅斯股市跌破趨勢線的 16 美元後一路崩跌，一直跌到 9.7 美元止跌。在 15 美元、12 美元買進，都還太早，因為往下跌的速度很快。

在中國上証指數，2014 年 12 月在加 1 個標準差的 3100
點，以及加 2 個標準差的 3600 點賣出，都還太早。等了很
久才等到一個飆股，就這麼賣出去嗎？

股價有時會不符合常態分布，這時只看五線譜，可能會發
生買太早續跌，讓你恐懼，或者因為貪婪而太早賣的情形，
這就是五線譜的罩門，我們發現，用「樂活通道」可以解決
這個問題。

樂活通道的原理

通道是 1960 年代開始發展的投資策略，通常有 3 條線，對稱通道是採取某一條移動平均線向上或向下加減某一個乖離率繪製而成。與直線回歸不同的是，通道會隨著市場價格走勢移動，移動平均線是曲線而不是直線，所以通道也不是直線。

理想的通道要包絡 90% ～ 95% 的觀察值，但不能是 100%，如果包絡過去某一段時間 100% 的觀察值，那麼就沒有機會跌破下沿或突破上沿，也就是不會出現買進或賣出訊號，這種通道毫無用處。但也不能僅包絡 60% 的觀察值，這樣就會頻繁跌破通道下沿或突破通道上沿，而出現過度交易的情形。

樂活通道由 3 條曲線構成，上面的線是參考過去高點平均畫成，下面的線參考過去低點平均畫成，中間的線則是以 20 週均線畫成。20 週均線常是股價大趨勢的領先指標，可能會讓五線譜的斜率改變，適合搭配在極端狀況出現時使用。

2015 年初，俄羅斯和中國股市脫離常態分布，上漲會一直漲一段時間，下跌則會連續跌一段時間。在脫離常態分布

這段期間，我們建議停止原來的賣出或買進，等股價穩定後，再繼續執行原來的策略，以避免太早買進，接到半空中落下來的刀子而受傷。在這種狀況下過早買進，承受的恐懼壓力相當大。

同時也要避免過早賣出，一直等待上漲，貪婪的心會占據你，如果過早賣出，悔恨的心將會摧毀你。我們用「樂活通道」來安撫你的心，避免過早買進或過早賣出，解決貪婪、恐懼和悔恨的心理問題。

樂活通道搭配五線譜

以俄羅斯股市為例，從五線譜來看，2014 年 11 月 10 日的 15.45 美元，跌破趨勢線減 1 個標準差，本來準備買進，但再看樂活通道，當天已經跌破下沿的 15.9 美元，表示可能面臨持續下跌的大趨勢。

為了避免買進再度下跌，接到天上掉下來的刀子，要等到股價回到樂活通道的正常區間內，也就是等到 2015 年 1 月 23 日的 12.3 美元才買進，此時的股價比 11 月 10 日整整低了 20%。

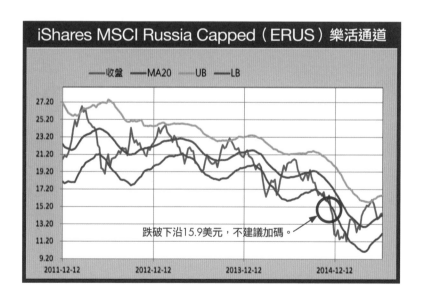

如果本來採用金字塔加碼法（見 3-5 章），跌 10% 買進
10%、跌 20% 買進 20%，你就回到通道內時一次買進 30%，
買進的價格會比金字塔加碼還低，可降低恐懼心理。

接著以中國上証指數為例，說明如何利用樂活通道避免賣
太早而賺太少。2015 年 2 月 26 日的 3514 點，突破五線譜
趨勢線加 1 個標準差，應該可以賣出，但觀察當天的樂活通
道已經突破上沿，表示可能面臨持續上漲的大趨勢。

為了避免太早賣出飆股，要等到指數回到樂活通道的正常區間內，也就是等到 2015 年 6 月 25 日的 4530 點才賣出，比 2 月 26 日的指數整整高了 28.9%。

樂活通道可否單獨使用？

有讀者問，樂活通道可否單獨使用，也就是不搭配五線譜，就做出買賣決策？以下我們用 3 檔個股為例來說明。

案例1 台新金

2016 年 4 月 1 日,台新金(2887)的股價由樂活通道下
沿回到正常區間的 10.46 元,買進後一直持有到 2016 年 8
月 1 日,在股價由樂活通道上沿回到正常區間的 13.16 元賣
出,報酬率為 25.8%。

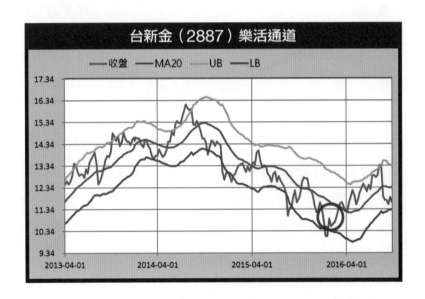

案例2 南僑

　　2016 年 1 月 25 日，南僑（1702）的股價由樂活通道下沿回到正常區間的 60 元，買進後一直持有到 2016 年 7 月 27 日，在股價由樂活通道上沿回到正常區間的 69.5 元賣出，報酬率為 15.8%。

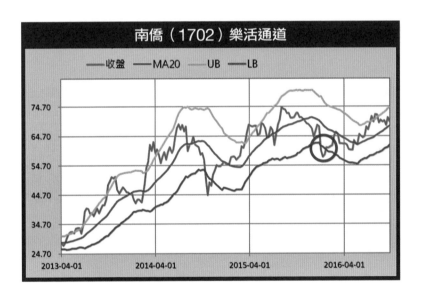

案例 3 鈊象

2015 年 8 月 17 日，鈊象（3293）的股價由樂活通道下沿回到正常區間的 87 元，買進後一直持有到 2106 年 4 月 25 日，在股價由樂活通道上沿回到正常區間的 271 元賣出，報酬率高達 211%。

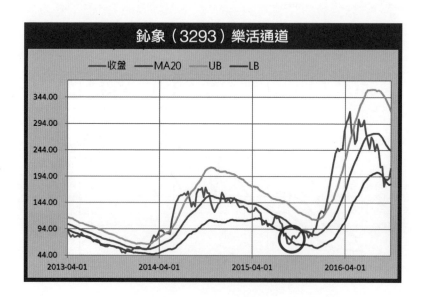

　　從上述 3 個案例來看，樂活通道似乎可以單獨使用，而且會有不錯的報酬。雖然如此，我們還是建議，搭配五線譜來操作，效果會比較好。

　　以台灣加權指數為例，從樂活通道來看有 2 個賣點：2013 年 4 月 29 日的 8220 點，以及 2014 年 7 月 7 日的 9363 點。但從五線譜來看，8220 點位於趨勢線下方，9363 點則位於趨勢線加 1 個標準差的相對樂觀點，後者才是五線譜的好賣點。如果只看樂活通道，在 8220 點出現訊號時可能就賣出了。

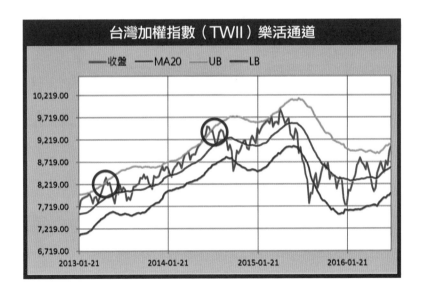

　　圖中同樣出現 2 個買點：2014 年 10 月 6 日的 8798 點，
以及 2015 年 9 月 7 日的 8227 點，前者位於趨勢線附近，
不是好買點，後者位於趨勢線減 1 個標準差的相對悲觀點，
才是真正的好買點。

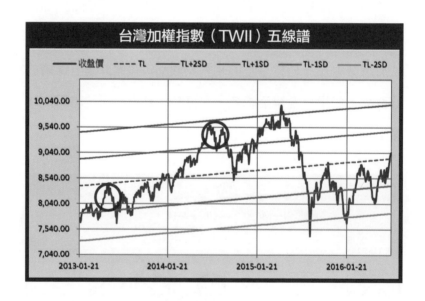

五線譜和樂活通道的限制

我們建議，五線譜搭配樂活通道，能提供較好的投資決策。但要特別提醒的是，五線譜及樂活通道沒有停損機制，而且不保證個股能夠均值回歸，萬一買到光洋科（1785）或樂陞之類的股票，低檔之下仍有低檔，而且有下市的風險，因此，不建議用五線譜或樂活通道來尋找台股的投資標的。

如果你對某檔個股研究很久，對其產業前景和公司未來盈餘有相當把握，只是不知道該於何時買進或賣出，這時五線譜和樂活通道才能當成你做投資決策的參考指標。

均值回歸

在機率常態分布的假設上，事物的變化無論高於或低於平均值，長期來說，會有向平均值靠攏的傾向。根據這個理論，股價漲得太多，就會向平均值移動而下跌；跌得太多，就會向平均值移動而上漲。

1-5 五線譜的型態

五線譜有正斜率、水平及負斜率 3 種型態，落在趨勢線加減 1 個標準差的機率是 68%，落在趨勢線加減 2 個標準差的機率是 95%，但是正斜率和負斜率兩者的風險卻大不相同。

　　五線譜的操作原則是，在趨勢線減 1 個標準差或 2 個標準差買進，在趨勢線加 1 個標準差或 2 個標準差賣出，也就是低買高賣、賺取價差。

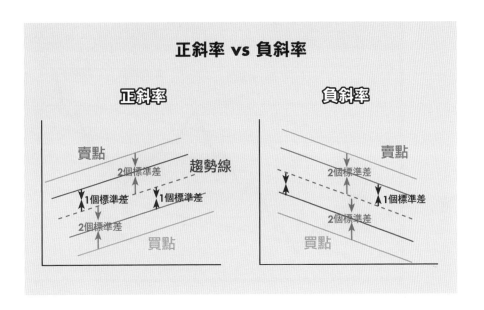

正斜率五線譜

　　正斜率的五線譜，低買高賣會獲得正報酬，因為賣點一定高於買點，因為五條平行線均是往上移動。以下圖為例，第1次買點為 50.4 元，第 1 次賣點為 70 元，第 2 次買點為 60.2 元，第 2 次賣點為 75 元，均產生正報酬。

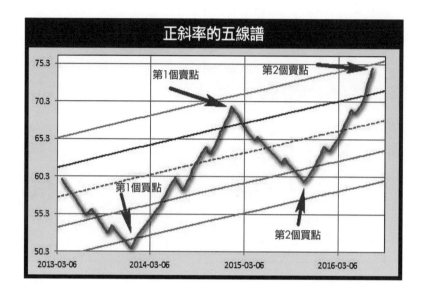

負斜率五線譜

　　負斜率的五線譜就不一定會產生正報酬，以下圖為例，在趨勢線減 1 個標準差或減 2 個標準差時買進，第 1 個買點出現在 14.7，如果在趨勢線加 1 個標準差時賣出，第 2 個賣點出現在 12.5，產生賣點比買點還低的情況，原因是，五條平行線皆往下移動，無法保證賣點的價格會高於買點。

　　負斜率五線譜轉為正斜率的機會不大，縱使可以轉為水平或正斜率，也需要很長的一段期間，所以操作負斜率的五線

譜，風險會比較大。

　　如果在相對低檔買進，建議可在回到趨勢線之上的相對高
點就賣出，在這個案例中是在 15 ～ 16 之間賣出，不用等到
趨勢線加 1 個標準差或加 2 個標準差才賣。

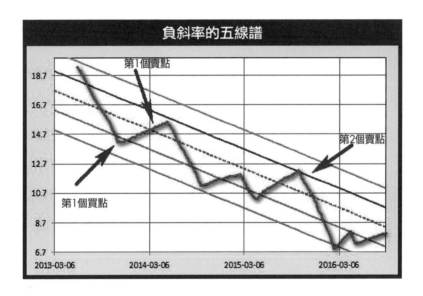

負斜率五線譜操作示範

　　我們以俄羅斯股市為例，帶領大家學習在負斜率的股市找
買賣點。

　　基本原則是，在相對低檔，也就是在趨勢線減 1 或 2 個標

準差,而且出現 KD 低檔交叉或樂活通道回到下沿時買進。股
價回到趨勢線以上,而且出現 KD 高檔交叉或樂活通道回到上
沿時賣出。

步驟1 找第 1 個買點

　五線譜顯示,2014 年 11 月 10 日的 15.5 美元是買點,
因為跌破趨勢線減 1 個標準差,但那時的樂活通道已經跌破
下沿,所以不建議買進。等回到樂活通道下沿之上的正常區
間,或者是週 KD 呈現低檔黃金交叉時,才能買進。買點因此
落在 2015 年 1 月 23 日的 12.3 美元,比五線譜顯示的買點
15.5 美元低了 3.2 美元。

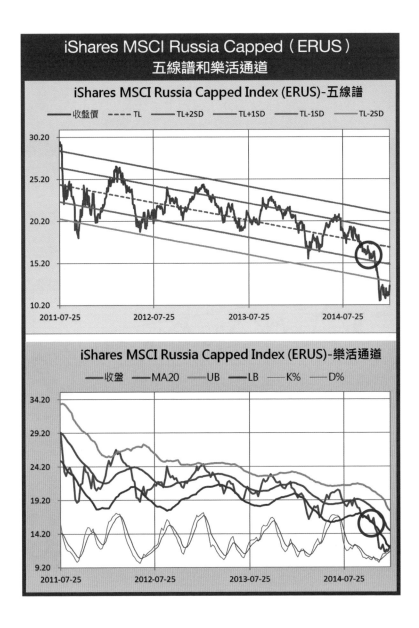

iShares MSCI Russia Capped（ERUS）
五線譜和樂活通道

iShares MSCI Russia Capped Index (ERUS)-五線譜

iShares MSCI Russia Capped Index (ERUS)-樂活通道

步驟2 **找第1個賣點**

2015 年 5 月 15 日，股價回到趨勢線 15.2 美元之上，而且樂活通道上沿為 15.9 美元，突破上沿後又回到正常區間就可以賣出。賣出價 15.9 美元，扣除買進價 12.3 美元，獲利 3.6 美元。

步驟3 找第2個買點

　　2015年8月26日跌到11.9美元，位於五線譜趨勢線減1個標準差以下，開始等待買進訊號。這次出現2個買進訊號：KD低檔黃金交叉，股價為11.7美元，以及樂活通道回到正常區間的12美元。我們假設以11.7美元買進。

步驟 4 找第 2 個賣點

2015 年 11 月 6 日，股價回到趨勢線 13 美元，當時 KD 出現高檔交叉，所以碰到趨勢線就賣出。買進價 11.7 美元，賣出價 13 美元，獲利 1.3 美元。

步驟5 找第3個買點

2016年1月22日，股價跌到10.1美元，位於五線譜趨勢線減1個標準差，而且樂活通道回到下沿內，出現買點。

步驟6 **找第 3 個賣點**

2016 年 2 月底,股價回到趨勢線上方,但 KD 及樂活通
道都沒出現賣出訊號,所以沒有賣出。到了 2016 年 4 月 22
日才以 13.7 美元賣出,賣出點接近趨勢線加 2 個標準差,
獲利 37%。

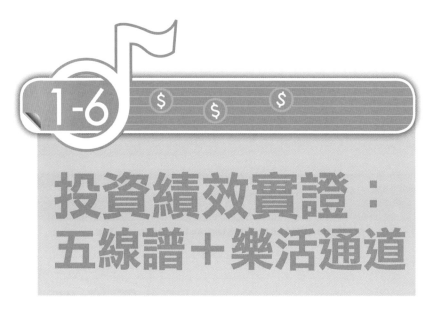

投資績效實證：五線譜＋樂活通道

　　為了驗證五線譜結合樂活通道的投資策略有效，我們挑出全球和台灣的 5 檔 ETF 為投資標的，從 2016 年 1 月 1 日到 7 月 8 日，用五線譜和樂活通道來找買賣點，並以此實證投資報酬率。

美股 ETF

Vanguard Total Stock Market ETF（VTI）

　　從 2016 年 1 月 1 日開始投資，1 月 4 日的收盤價為

102.7 美元，先看五線譜，位於趨勢線減 2 個標準差之下；
再看樂活通道，1 月 22 日才從下沿回到正常區間，以 94.8
美元買進。

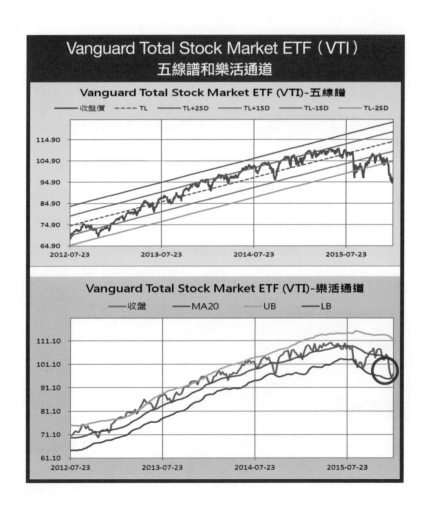

7月8日的收盤價為108.8美元，未到趨勢線加1個標準差的賣點，而且樂活通道還在正常區間，未實現獲利為14.77%。比同期美國S&P 500報酬率4.21%為佳。

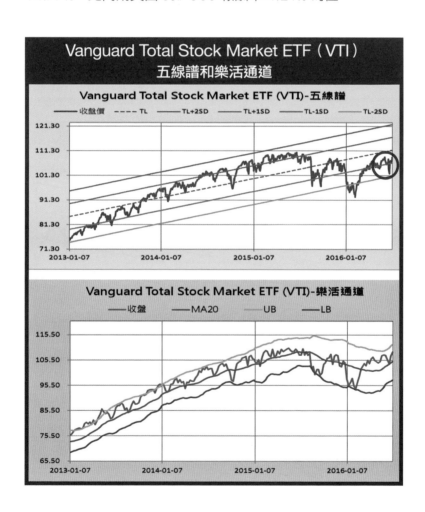

iShares MSCI ACWI Index（ACWI）

　　2016 年 1 月 4 日的收盤價為 54.8 美元，五線譜跌到趨勢線減 2 個標準差，但再看樂活通道，仍不能買進，要等到 1 月 22 日從下沿回到正常區間時，才以 51.3 美元買進。

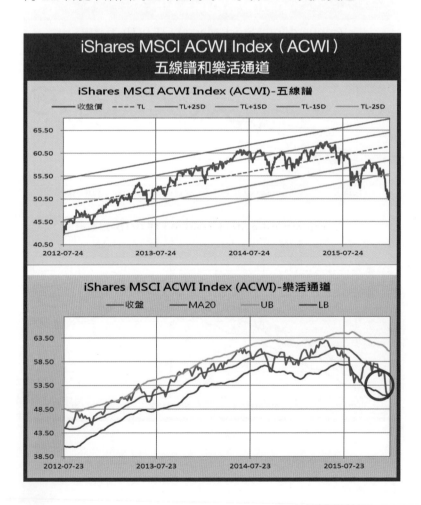

　　2016 年 7 月 8 日的收盤價為 56.5 美元，未到趨勢線加
1 個標準差的賣點，樂活通道還在正常區間，未實現獲利為
10.15%，比同期美國 S&P 500 報酬率 4.21% 為佳。

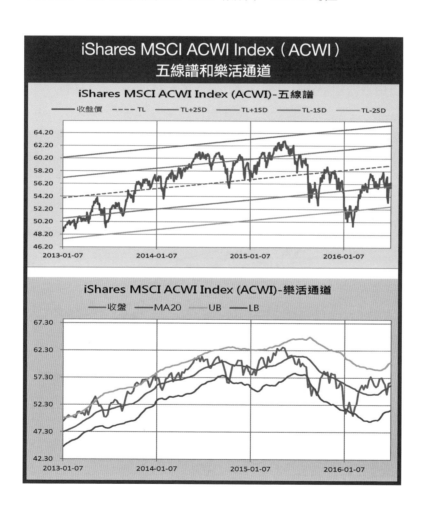

俄羅斯 ETF

iShares MSCI Russia Capped Index（ERUS）

　俄羅斯股市 2016 年 1 月 4 日的收盤價為 10.9 美元，五線譜還沒到趨勢線減 1 個標準差，到了 1 月 12 日的 10.2 美元才出現買點，但樂活通道已經跌破下沿，必須等到 1 月 26 日由下沿回到正常區間，才以 10 美元買進。

　　4 月 21 日的收盤價為 13.7 美元，位於趨勢線加 1 個標準差以上，而且樂活通道回到正常區間，以 13.7 美元賣出，獲利 37%。

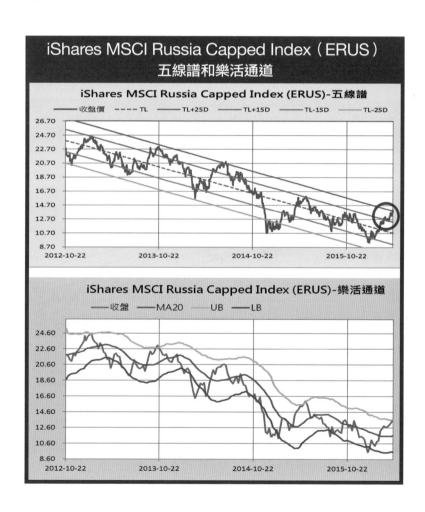

巴西 ETF
iShares MSCI Brazil Capped（EWZ）

巴西股市 2016 年 1 月 27 日的收盤價為 18.2 美元，五線譜到了趨勢線減 1 個標準差，而且樂活通道已從下沿回到正常區間，我們以 18 美元買進。

5月8日的收盤價為28美元，已經突破趨勢線加1個標準差，而且樂活通道由上沿回到正常區間內，以28美元賣出，獲利55.56%。

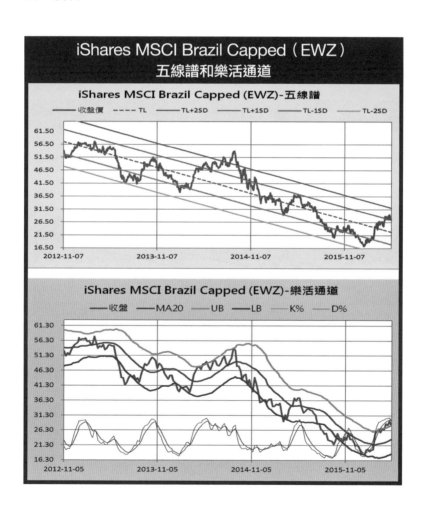

台灣 ETF

台灣 50（0050.tw）

台灣 50 於 2016 年 1 月 22 日的收盤價為 56.5 元，五線譜跌破趨勢線減 2 個標準差，而且樂活通道由下沿回到正常區間，我們以 56.5 元買進。

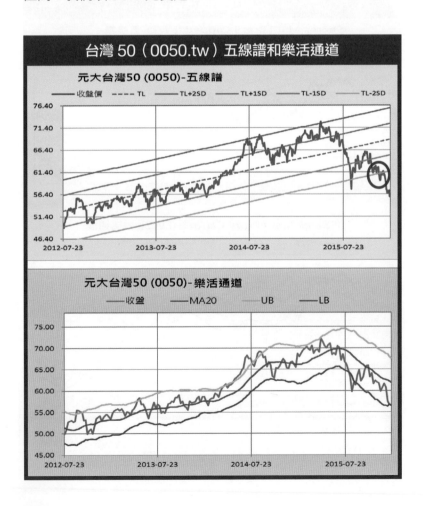

7月7日的收盤價為65.7元，未到趨勢線加1個標準差的賣點，而且樂活通道還在正常區間，未實現獲利為16.28%。

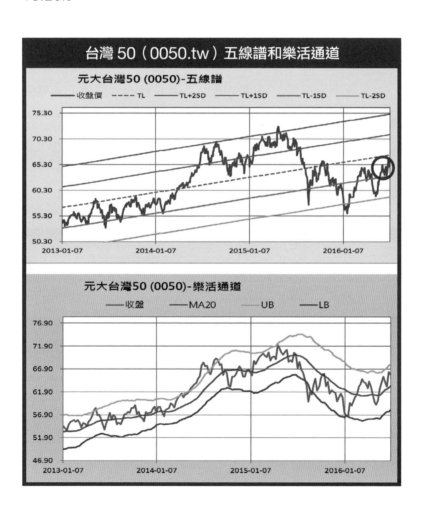

投資績效實證結果

在 2016 年 1 月 1 日到 7 月 8 日的實證中，只要五線譜跌到趨勢線減 1 個或 2 個標準差，而且樂活通道跌出下沿後又回到正常區間就買進。漲到五線譜趨勢線加 1 個或 2 個標準差，且樂活通道突破上沿後又回到正常區間則賣出。

如果沒有出現賣出訊號，則以 7 月 8 日的收盤價，計算未實現獲利。

用五線譜＋樂活通道的投資法，平均報酬率為 26.75%，同期間 S&P 500 的報酬率為 4.46%，產生超額報酬 22.29%。

五線譜＋樂活通道實證結果						
代碼	ETF 名稱	買進日期	買進價格	賣出日期	賣出價格	報酬率
VTI	Vanguard Total Stock Market ETF	2016/1/22	94.8美元	2016/7/8	108.8美元	14.77%
ACWI	iShares MSCI ACWI Index	2016/1/22	51.3美元	2016/7/8	56.5美元	10.15%
ERUS	iShares MSCI Russia Capped Index	2016/1/26	10美元	2016/4/21	13.7美元	37%
EWZ	iShares MSCI Brazil Capped	2016/1/27	18美元	2016/7/7	28美元	55.56%
0050.tw	台灣50	2016/1/22	56.5元	2016/7/8	65.7元	16.28%
平均報酬率						26.75%
	S&P 500	2016/1/4	2038點	2016/7/8	2129點	4.46%
超額報酬率						22.29%

KD 與樂活通道

有時候趨勢線就位於樂活通道中間，既不往下跌破下沿，也不往上突破上沿，出現訊號時，股價早就漲了一大段或跌了一大波了。

因此，我們也可以使用比樂活通道還敏感的週 KD 值，當作買進和賣出的訊號。

以 2015 年 8 月 23 日崩盤為例，五線譜跌到趨勢線減 1 個標準差時，早就跌破樂活通道下沿，所以不該買進，跌到減 2 個標準差時也是一樣。

依照樂活通道的買進點是 2015 年 9 月 7 日的 8227 點，
從 7203 點回升了 1000 多點才出現訊號。

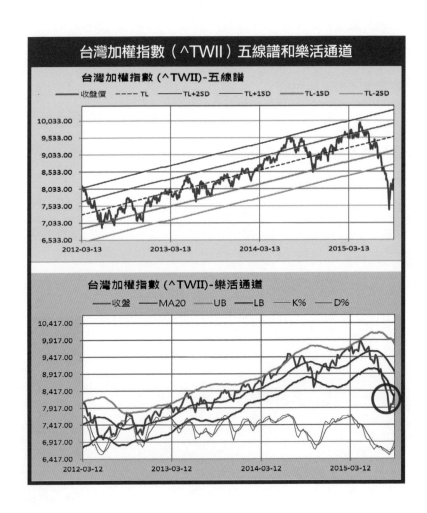

如果改用 KD 值來判斷，在 2015 年 8 月 26 日的 7715
時，就出現 KD 低檔交叉，可以提早 500 點買進。不過，要
注意的是，KD 值出現的訊號會比較多，這是它的缺點。

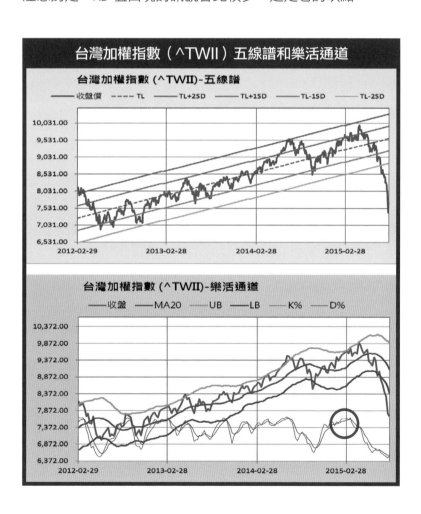

台灣加權指數（^TWII）五線譜和樂活通道

Part 2

五線譜不敗投資法

了解五線譜投資法的基本原理之後,再來就要學習如何
合理評估全球各股市的高低點,並搭配五線譜和樂活通
道,找到最合適的進場和出場時機。

長期投資者很關心基本面，我們建議採用最傳統的 3 個評價指標，當作分析工具。

指標 1：本益比

本益比是用多少倍的錢去買 1 元的盈餘，也就是盈餘的價格。美股過去 80 年的本益比介於 7 ～ 20 倍，平均 14 倍，所以本益比接近 7 倍就是便宜，接近 20 倍就是貴。

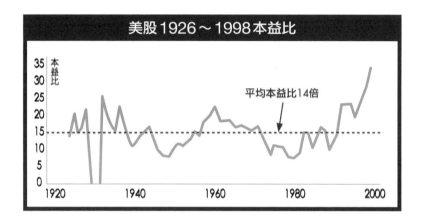

美股 1926～1998 本益比

本
益
比

平均本益比14倍

指標 2：股價淨值比

股價淨值比是用多少錢去買 1 元的淨值，截至 2000 年的
過去 80 年來，美股的淨值比在 1～3 倍間，平均約 1.6 倍。
也就是說，大於 3 倍就是貴，小於 1 倍就是便宜。2000 年美
股的股價淨值比高達 8 倍，可以說是貴得離譜。

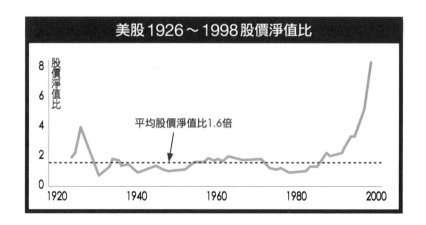

美股 1926～1998 股價淨值比

股
價
淨
值
比

平均股價淨值比1.6倍

指標 3：股息殖利率

股息殖利率是存 1 元本金可以得到多少股息，股息殖利率越高就越便宜、越低越貴，截至 2000 年止的過去 80 年，美國的股息殖利率在 7%（很便宜）到 2.5%（很貴）之間，平均是 4.5%。在 2000 年時，股息殖利率降到 1.3%，顯示當時股價實在不便宜。

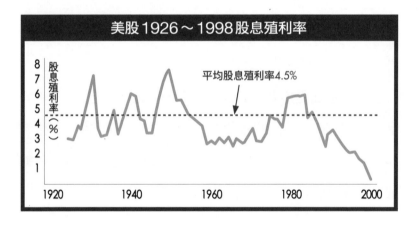

我們用這 3 個比率來評估個別股市是相對貴或相對便宜，做為基本分析的 3 大指標。「全球股市 GPS」投資參考工具，也是採用這 3 大指標，在接下來的 2-2 和 2-3 會有詳細說明。

以中國為例，從 2011 年 6 月開始到 2014 年底，中國的本
益比皆低於長期的平均數 11 倍，因此就基本面來說，是很好
的買點。

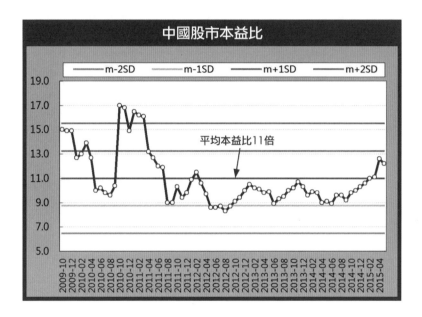

2-2
用全球投資GPS
評估股市高低點

目前各國的證券交易所沒有免費提供該國市場每個月的本益比、股價淨值比和殖利率的資料,因此我們使用myindex.jp 網站提供的 6 地區 46 國資料為分析依據。不過,該網站的資料是從 2009 年 10 月開始,計算所得的平均數與標準差,可能由於觀察期間太短,使得判斷某些國家指數的相對高低點會不夠準確。然而隨著觀察值的增加,相對高低點資料會越來越準確。

我們研究各國基本面相對高低點的方式是，計算觀察國家的股市從 2009 年 10 月迄今的本益比、股價淨值比和殖利率的平均數與標準差。為了判斷方便，假設本益比、股價淨值比和殖利率都屬於常態分布，那麼在平均數減 2 個標準差以下的機率有 2.2%，在平均數減 1 個標準差以下的機率有15.8%，反之在平均數加 2 個標準差以上的機率有 2.2%，在平均數加 1 個標準差的機率有 15.8%。

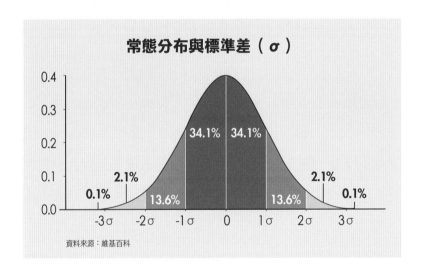

常態分布與標準差（σ）

資料來源：維基百科

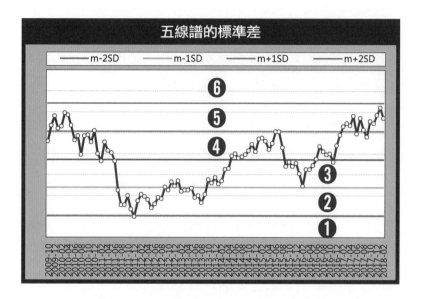

以上圖為例，❶的位置表示平均數減 2 個標準差以下的機率為 2.2%，❷的位置表示平均數減 1 個標準差以下的機率為 15.8%，❺的位置表示平均數加 1 個標準差以上的機率為 15.8%，❻的位置表示平均數加 2 個標準差以上的機率為 2.2%。

本益比越高，股價越貴，本益比越低，股價則越便宜，❶的位置表示股價便宜，❷的位置表示股價相對便宜，❸的位置表示股價中間偏低，❹的位置表示股價中間偏高，❺的位

置表示股價相對貴，❻的位置表示股價貴。

股價淨值比跟本益比一樣，也是越高越貴，同樣用前頁圖表來說明，❶的位置表示股價便宜，❷的位置表示股價相對便宜，❸的位置表示股價中間偏低，❹的位置表示股價中間偏高，❺的位置表示股價相對貴，❻的位置表示股價貴。

殖利率則與本益比和股價淨值比相反，越高表示股價越便宜，越低則股價越貴。所以在前頁圖表中❶的位置表示股價貴，❷的位置表示股價相對貴，❸的位置表示股價中間偏高，❹的位置表示股價中間偏低，❺的位置表示股價相對便宜，❻的位置表示股價便宜。

下頁表格是 2016 年 1 月的「全球投資 GPS」，列出 6 地區 46 國的本益比、股價淨值比和殖利率。我們可以看到，全球大部分國家都是 2 個綠色，那時候的全球股市，便宜的股票很多。

2016 年全球投資 GPS—世界各國 PER/PBR/ 殖利率統計

資料年月： 201601　https://www.facebook.com/groups/alpha168　　來源 http://myindex.jp/global_per.php

地區和國家	PER / 本益比 / 市盈率				PBR / 股價淨值比 / 市淨率				DIVIDEND YIELD / 殖利率 / 股息率			
	最新	平均	標準差	位置	最新	平均	標準差	位置	最新	平均	標準差	位置
1	2	3	4	5	6	7	8	9	10	11	12	13
全球	15.6	16.6	3.32	3	2.00	1.94	0.18	4	2.71%	2.56%	0.19%	4
發達國家	16	17.1	3.96	3	2.00	1.96	0.19	4	2.65%	2.53%	0.19%	4
新興市場	11.5	13.3	1.63	2	1.50	1.83	0.21	2	3.41%	2.87%	0.35%	5
歐洲	16.1	15.0	2.63	4	1.80	1.70	0.19	4	3.52%	3.46%	0.34%	4
亞太	13	19.1	9.44	3	1.20	1.40	0.13	2	2.69%	2.49%	0.24%	4
金磚四國	9.7	11.3	1.90	3	1.20	1.59	0.28	2	3.49%	2.90%	0.47%	5
日本	14.7	19.6	4.27	2	1.30	1.25	0.20	4	2.02%	1.99%	0.30%	4
美國	17.2	18.9	7.62	3	2.60	2.48	0.26	4	2.24%	2.02%	0.12%	5
英國	16.8	15.1	3.32	4	1.80	1.88	0.14	3	4.07%	3.53%	0.22%	6
澳大利亞	16.5	18.1	4.10	3	1.80	1.99	0.14	2	5.26%	4.41%	0.39%	6
奧地利	マイナス	16.7	12.92	6	1.00	1.05	0.13	3	2.17%	2.83%	0.54%	2
比利時	22.5	25.6	19.67	3	2.60	1.87	0.44	5	3.08%	2.66%	0.41%	5
加拿大	14.1	19.1	5.11	3	1.70	1.98	0.16	2	3.38%	2.78%	0.31%	5
丹麥	24.3	21.5	4.58	4	3.80	2.60	0.63	5	1.62%	1.46%	0.32%	4
芬蘭	17.1	17.5	7.09	3	2.70	1.87	0.44	5	3.59%	4.30%	0.97%	3
法國	16.1	15.0	3.44	4	1.60	1.42	0.18	4	3.36%	3.59%	0.54%	3
德國	12.8	14.2	3.35	3	1.70	1.65	0.21	4	2.97%	3.06%	0.46%	3
希臘	マイナス	7.7	2.56	6	0.40	1.89	5.74	3	2.49%	2.65%	1.99%	3
香港	9.3	12.8	3.19	2	1.20	1.51	0.19	2	3.12%	2.46%	0.25%	6
愛爾蘭	19.5	31.7	21.19	3	2.50	2.18	1.03	4	0.69%	1.05%	0.88%	3
意大利	20.2	17.8	11.54	4	1.00	0.95	0.17	4	2.96%	3.74%	0.89%	3
荷蘭	22.6	18.6	4.81	4	2.00	1.76	0.27	4	2.65%	2.71%	0.46%	3
紐西蘭	18.8	15.8	3.45	4	2.00	1.82	0.25	4	4.63%	4.89%	0.58%	3
挪威	9.8	13.1	4.33	3	1.20	1.57	0.13	1	5.88%	4.17%	0.76%	6
葡萄牙	19.6	11.3	4.83	5	1.30	1.35	0.33	3	3.97%	4.69%	1.26%	3
新加坡	11.9	13.6	1.94	3	1.10	1.56	0.20	1	4.44%	3.39%	0.30%	6
西班牙	11.3	11.0	3.52	4	1.20	1.37	0.23	3	5.47%	6.13%	1.46%	3
瑞典	13	14.6	2.12	3	2.00	1.95	0.28	4	4.01%	3.31%	0.50%	5
瑞士	17.1	17.7	5.68	3	2.50	2.43	0.25	4	3.11%	3.01%	0.38%	4
中國	8.4	10.8	2.19	2	1.20	1.61	0.29	2	3.59%	2.96%	0.49%	5
印度	17.1	17.8	2.60	3	2.50	2.79	0.36	2	1.70%	1.36%	0.23%	5
巴西	14.1	13.3	2.42	4	1.10	1.61	0.37	2	5.74%	3.98%	0.71%	6
俄羅斯	5.1	6.8	2.31	4	0.50	0.88	0.27	2	4.81%	3.14%	1.21%	5
智利	17.2	18.9	2.01	3	1.60	2.39	0.54	2	2.98%	2.50%	0.31%	5
哥倫比亞	12.6	16.0	2.97	2	1.10	1.83	0.35	1	3.64%	2.87%	0.75%	5
捷克	11.3	10.1	1.47	4	1.20	1.67	0.31	2	7.62%	6.61%	0.61%	5
埃及	14.3	18.5	16.10	3	1.50	1.65	0.41	3	2.97%	3.52%	1.38%	3
匈牙利	マイナス	12.3	3.44	6	1.20	1.12	0.27	4	2.01%	2.23%	0.92%	3
印尼	15.1	16.8	1.39	2	2.90	3.92	0.61	2	2.75%	2.46%	0.22%	5
以色列	15.3	14.7	7.02	4	1.90	1.85	0.41	4	2.60%	3.27%	0.63%	2
馬來西亞	15.9	17.1	2.13	3	1.80	2.29	0.22	1	3.12%	3.00%	0.30%	4
墨西哥	21.1	19.7	2.06	4	2.70	2.91	0.22	3	1.77%	1.61%	0.21%	4
巴基斯坦	4.9	8.7	1.99	4	1.20	2.41	0.42	1	8.49%	6.30%	0.96%	6
秘魯	13.8	17.9	8.39	3	1.20	2.91	1.25	2	1.99%	1.71%	0.46%	4
菲律賓	19.2	20.5	2.10	3	2.60	3.01	0.27	2	1.92%	2.37%	0.56%	3
波蘭	14.9	12.4	3.61	4	1.10	1.46	0.24	2	4.28%	4.56%	1.29%	3
南非	15.4	16.7	3.42	3	2.40	2.59	0.19	3	2.98%	2.82%	0.30%	4
韓國	7.7	12.4	2.63	2	0.80	1.32	0.28	2	1.56%	1.21%	0.13%	6
台灣	12.2	19.5	6.50	2	1.60	1.84	0.15	2	4.24%	3.27%	0.69%	5
泰國	14.7	15.1	1.41	3	2.00	2.35	0.28	2	3.71%	3.22%	0.29%	5
土耳其	9.8	10.9	1.29	3	1.30	1.73	0.25	2	3.41%	2.42%	0.51%	5

　　我們再用前述 3 個指標做為投資全球股市的指引，給大家參考。

　　表格中綠字粗體的部分表示相對便宜或便宜，紅字粗體表示相對貴或絕對貴，有助於我們了解目前全球股價的相對位置，當成買進或賣出 ETF 的注意標的。

　　3 個指標全部出現便宜訊號比較難，因此 2 個指標出現綠色的地區或國家，我們就可以列入操作的觀察名單。

　　下頁表格則是 2017 年 11 月的「全球投資 GPS」，全世界大部分的國家的評價都相對不便宜，和 2016 年的情形有天壤之別。

2017 年全球投資 GPS—世界各國 PER/PBR/ 殖利率統計

資料年月： 201711　https://www.facebook.com/groups/alpha168　來源 http://myindex.jp/global_per.php

地區和國家	PER / 本益比 / 市盈率				PBR / 股價淨值比 / 市淨率				DIVIDEND YIELD / 殖利率 / 股息率			
	最新	平均	標準差	位置	最新	平均	標準差	位置	最新	平均	標準差	位置
1	2	3	4	5	6	7	8	9	10	11	12	13
全球	20.4	17.1	3.12	5	2.40	1.99	0.19	6	2.32%	2.55%	0.18%	2
發達國家	21	17.7	3.66	4	2.50	2.02	0.21	6	2.29%	2.52%	0.18%	2
新興市場	16.2	13.5	1.57	5	1.80	1.78	0.22	4	2.68%	2.89%	0.33%	3
歐洲	20.3	15.9	2.91	5	2.00	1.73	0.19	5	3.19%	3.44%	0.31%	3
亞太	16.2	18.2	8.53	3	1.50	1.38	0.13	4	2.33%	2.50%	0.22%	3
金磚四國	15.4	11.6	1.88	6	1.70	1.55	0.26	4	2.34%	2.88%	0.44%	2
日本	16.9	18.5	4.22	3	1.50	1.27	0.18	5	1.84%	2.01%	0.27%	3
美國	23.3	19.5	6.81	4	3.40	2.60	0.34	6	1.87%	2.03%	0.12%	3
英國	23.5	17.2	4.84	5	1.90	1.89	0.13	4	3.92%	3.59%	0.23%	5
澳大利亞	17	18.8	4.20	3	2.00	1.97	0.14	4	4.28%	4.41%	0.38%	3
奧地利	16.6	16.4	11.28	4	1.50	1.08	0.16	6	2.28%	2.73%	0.53%	3
比利時	34.1	25.4	17.60	4	2.00	1.96	0.44	4	3.42%	2.78%	0.43%	5
加拿大	21.5	19.8	4.88	4	2.20	1.98	0.15	5	2.85%	2.83%	0.29%	4
丹麥	20.5	21.9	4.34	3	3.70	2.82	0.70	5	2.17%	1.62%	0.43%	5
芬蘭	21.5	17.2	6.77	4	2.10	1.96	0.42	4	3.97%	4.22%	0.87%	3
法國	16.9	15.1	3.07	4	1.80	1.46	0.19	5	2.94%	3.55%	0.50%	2
德國	18.6	14.8	3.28	5	2.00	1.68	0.21	5	2.48%	2.99%	0.44%	2
希臘	マイナス	7.7	2.56	6	0.50	1.58	5.09	3	2.17%	2.52%	1.78%	3
香港	15.8	13.0	2.94	4	1.50	1.47	0.19	4	2.48%	2.53%	0.26%	3
愛爾蘭	16.1	25.7	18.75	3	2.00	2.15	0.91	4	0.51%	0.93%	0.80%	3
意大利	62.6	21.5	14.87	6	1.20	0.98	0.17	5	3.30%	3.73%	0.81%	3
荷蘭	18	18.6	4.32	3	2.30	1.85	0.30	5	2.76%	2.75%	0.42%	4
紐西蘭	21	16.6	3.42	5	2.20	1.89	0.26	5	5.43%	4.89%	0.54%	4
挪威	27.3	15.8	6.51	5	1.90	1.58	0.15	6	3.63%	4.18%	0.70%	3
葡萄牙	15.5	12.1	4.51	4	1.80	1.41	0.33	5	4.23%	4.59%	1.13%	3
新加坡	16	13.7	1.78	5	1.40	1.48	0.23	3	3.19%	3.49%	0.36%	3
西班牙	13	11.4	3.20	4	1.50	1.36	0.21	4	3.19%	5.71%	1.54%	2
瑞典	16.4	14.9	1.99	4	2.20	1.98	0.25	4	3.30%	3.37%	0.48%	3
瑞士	23.3	18.1	5.19	5	2.70	2.45	0.23	5	2.99%	3.05%	0.35%	3
中國	15.2	10.9	2.14	5	1.70	1.55	0.29	4	2.15%	2.92%	0.48%	2
印度	21.9	18.3	2.61	4	3.00	2.78	0.33	4	1.47%	1.41%	0.23%	4
巴西	17.8	19.5	16.76	3	1.80	1.61	0.34	4	2.85%	3.90%	0.71%	2
俄羅斯	7.5	6.5	2.16	4	0.60	0.81	0.27	3	5.10%	3.48%	1.26%	5
智利	19.8	18.9	1.92	4	1.80	2.23	0.56	3	2.56%	2.52%	0.29%	4
哥倫比亞	12.1	16.0	2.98	2	1.30	1.70	0.39	2	2.59%	2.89%	0.69%	3
捷克	12.4	10.4	1.45	5	1.30	1.58	0.33	4	7.12%	6.71%	0.65%	4
埃及	13.5	17.5	14.18	3	2.30	1.76	0.45	4	2.53%	3.16%	1.40%	3
匈牙利	10.8	12.1	3.29	3	1.70	1.22	0.31	5	2.15%	2.21%	0.82%	3
印尼	19.9	17.2	1.55	5	3.10	3.70	0.68	3	2.36%	2.42%	0.22%	3
以色列	13.5	14.6	6.22	3	1.00	1.73	0.43	2	3.34%	3.23%	0.58%	4
馬來西亞	16.4	17.0	1.89	3	1.50	2.14	0.33	3	3.25%	3.01%	0.27%	4
墨西哥	19.9	20.0	1.97	3	2.40	2.85	0.24	3	2.63%	1.70%	0.28%	6
巴基斯坦	7.9	8.6	1.92	3	1.30	2.20	0.55	2	6.86%	6.31%	0.95%	4
秘魯	23.1	18.8	7.92	4	2.40	2.69	1.18	3	1.61%	1.65%	0.44%	3
菲律賓	22.4	20.7	1.94	4	2.80	2.93	0.28	3	1.74%	2.24%	0.55%	3
波蘭	18.6	14.6	5.59	4	1.50	1.42	0.24	4	2.66%	4.28%	1.27%	2
南非	22	17.1	3.27	5	2.60	2.54	0.19	4	2.61%	2.83%	0.27%	3
韓國	13.1	11.9	2.64	4	1.30	1.25	0.30	4	1.71%	1.31%	0.22%	5
台灣	15.7	18.4	6.13	3	1.90	1.82	0.15	4	3.80%	3.39%	0.65%	4
泰國	16.4	15.5	1.68	4	2.20	2.29	0.27	3	2.95%	3.22%	0.27%	4
土耳其	10.1	10.7	1.28	3	1.40	1.64	0.28	3	3.06%	2.64%	0.63%	4

2-3
五線譜搭配全球投資GPS

我們在 2-2 介紹了「全球投資 GPS」，可以用來合理評估全球各股市的高低點。以中國為例，上証指數在 2016 年 1 月 22 日來到 2916 點，跌到五線譜趨勢線減 1 個標準差的相對悲觀點，可以考慮買進，但是要買多少呢？

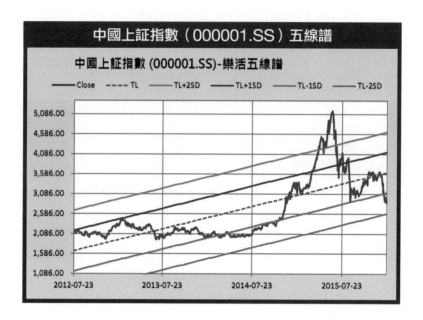

中國上証指數（000001.SS）五線譜

中國上証指數 (000001.SS)-樂活五線譜

── Close ──── TL ── TL+2SD ── TL+1SD ── TL-1SD ── TL-2SD

依照當時的 GPS 顯示，2016 年 1 月的本益比為 8.4 倍（見 p.88 表格及右頁圖），小於平均數減 1 個標準差的 8.6 倍，也是相對低點。

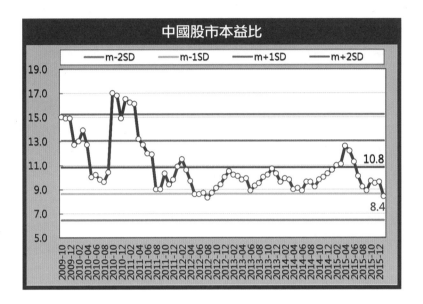

至於投入資金的多寡，就要看你對這個國家的了解程度，GPS 有五條線，對於熟悉的國家可以投入 90%、75%、50%、25%、10%；對比較不熟悉的國家，投資比重可以改為 50%、40%、30%、20%、10%。

全球投資 GPS 的資料起始點為 2009 年 10 月，到目前的觀察期間未滿 10 年，參考性仍待確認，但投資人仍可以用它當作資金配置的依據，只是別忘了，要自負投資盈虧的責任。

以五線譜為主要依據

如果 GPS 呈現低點或相對低點，而五線譜卻未出現買點，發生背離的情況時，該如何處理？

基本上，GPS 在平均數減 2 個標準差時，應該是低點，如果你只有一筆資金，我們建議只參考五線譜的買點，也就是暫時不投入，因為五線譜有考量到相對悲觀及悲觀點，也有樂活通道可以避免接到天上掉下來的刀子。

如果你的口袋很深，則可以在 GPS 呈現平均數減 2 個標準差時買進，然後再往下加碼。

以韓國為例，GPS 有很長一段期間都在平均數減 1 個標準差以下，到底可不可以買進呢？

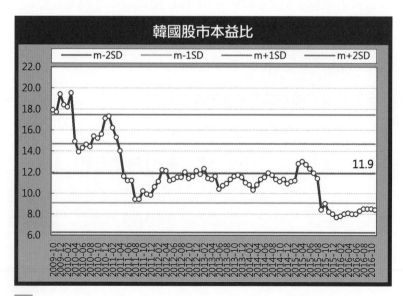

在 2016 年的年初，韓國股市的五線譜處於趨勢線減 2 個
標準差附近的悲觀點，是不錯的買點。當時的 GPS 位於本益
比平均數減 1 個標準差以下的位置，至於要買多少，就要看
你對韓國股市熟不熟了。

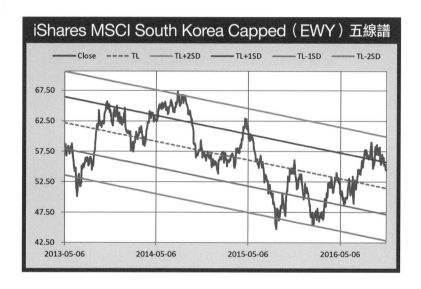

2-4 用股價淨值比 評估股市高低點

要從基本面合理判斷台股的高低點，股價淨值比會比本益比好。由右頁圖可以發現，台股本益比的波動極大，最小 9.5 倍，最大 124.73 倍，平均值為 28.68 倍。本益比很高的時候，並不一定是股價的高點，反而往往是低點。

因為不景氣時，上市公司的每股盈餘都很差，本益比是以股價除以每股盈餘，由於分母相當低，導致本益比反而變得很高，動不動就高於 40 倍以上。對投資者而言，用本益比當

作投資的進出場點，反而會錯過很好的買點和賣點。

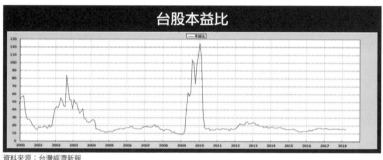

資料來源：台灣經濟新報

股價淨值比 穩定評估高低點

下圖是台股的股價淨值比，會在一定的區間內上下波動，很適合做為反向投資策略的買進賣出依據。台股近10年來的股價淨值比，最大為 3.08 倍，最小為 1.01 倍，平均值為 1.73 倍，可以比較穩定地評估台股大盤股價是否合理。

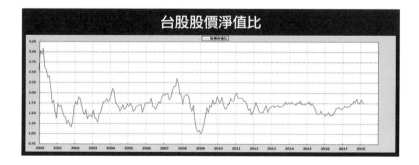

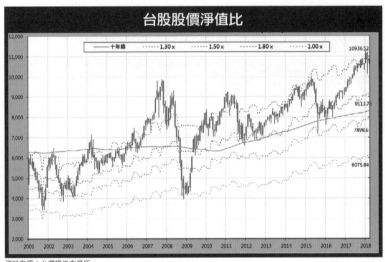

資料來源：台灣證券交易所

　　台股從 2015 年 4 月的高點 10014 點，跌到 2015 年 8 月的 7203 點，然後一路向上攻到 2017 年 11 月的 10882 點。投資人可能會想，如果在 10014 點賣掉股票，然後再於 7203 點買進，到了 2017 年底，就可以賺很多錢了。

　　如果你真的閃過了 10014 點跌到 7203 點的崩盤，也抓到了 7203 的大低點，那你就是神人級的投資者。只是，你在 10014 點出清持股後，到了 7203 點時，你敢投入全部資金嗎？或許你買了一點點，然後到了 8000 點時會想，在 7203 點都沒大買了，8000 點那麼貴，怎麼可能加碼，到了最後，

只能望著 10882 點而興嘆。

　這就是「股市崩盤時，滿手現金的不敢買，滿手股票的沒錢買。」沒有經過訓練，沒有良好心理素質的投資人，都無法通過這樣的考驗。

2-5

五線譜搭配
坦伯頓法則

五線譜是依據過去一段時間（通常是 3.5 年）計算出來，中間那條線是 3.5 年股價的長期趨勢線，然後上下各加減 1 個及 2 個標準差，是市場的兩極。趨勢線上方加 1 個標準差是相對樂觀點，趨勢線上方加 2 個標準差是樂觀點，反之，趨勢線下方減 1 個標準差是相對悲觀點，減 2 個標準差是悲觀點。

依照反向投資法，要在相對悲觀點或悲觀點以下買進，在

相對樂觀點或樂觀點以上賣出，但是悲觀仍有更悲觀，樂觀仍有更樂觀，所以我們建議投資人，買賣前還要參考樂活通道的買進及賣出訊號。

然而，出現買進訊號後，資金該如何配置？很多人會想，我只要買一點，不要賠錢就好了。會這樣想的人，一定不是認真的投資人。像 2008 年的金融海嘯，出現了近百年來難得一見的低點，如果你有 100 萬元資金，只投入 1 成 10 萬元，賺一點就跑，這樣倒不如做定存就好。採用合適的資金投入策略，才能在股市賺大錢。

全球的股市每 7 ～ 8 年會經歷一個循環，在相對低點，如果只投入小部分資金，當股市往上回升時，你敢一直加碼嗎？人的一生中，投資期間只有 20 ～ 30 年，也就是會經歷 3 ～ 4 個循環，縱使你看對了低檔，如果每次只投入 1 成資金，將無法從投資中累積財富，進而達到財務自由。

用坦伯頓法則克服心理障礙

想要克服心理障礙，解決在不同高低點配置資金的問題，可以利用坦伯頓法則。它是以股價淨值比區間，做為持股比

重的加減碼依據。

　2016 年 1 月 22 日，元大台灣 50（0050）的價格為 56.6
元，跌到趨勢線減 2 個標準差以下，而且樂活通道從下沿回到
正常區間的 56.5 元內，是不錯的買點，但該投入多少資金呢？

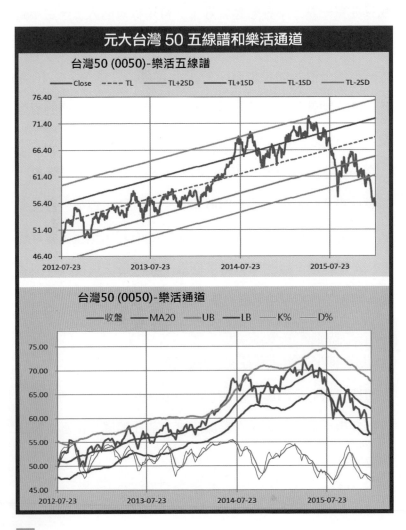

證交所在 2016 年 1 月 8 日公告 2015 年 12 月的股價淨值比為 1.49 倍，2016 年 1 月 8 日的大盤指數收在 7,894 點，對照下圖落在「正常之下第 2 區」的 7,703 ～ 8,190 點之間，持股不低於 70%，也就是說，如果你空手，一次可押 70% 的資金。

　　坦伯頓法則將「正常區間」之下分成 5 個區間，之上分成 7 個區間，給予不同的持股比重。

　　利用坦伯頓法則，就能解決上一章最後所提的投資心理面問題：「股市崩盤時，滿手現金的不敢買，滿手股票的沒錢買。」

坦伯頓法則 — 典型的 60% 計畫

調整日期：2016-01-08

典型的60%計畫	持股比率	P/B區間		最新淨值（收盤指數）	台灣加權指數區間	
		低	高		低	高
正常之上第7區	出清所有股票	2.16		5,596	12,085	
正常之上第6區	持股不超過10%	2.07	2.16	5,596	11,598	12,085
正常之上第5區	持股不超過20%	1.99	2.07	5,596	11,111	11,598
正常之上第4區	持股不超過30%	1.90	1.99	5,596	10,625	11,111
正常之上第3區	持股不超過40%	1.81	1.90	5,596	10,138	10,625
正常之上第2區	持股不超過50%	1.72	1.81	5,596	9,651	10,138
正常之上第1區	持股不超過60%	1.64	1.72	5,596	9,164	9,651
正常區間	不需調整	1.55	1.64	5,596	8,677	9,164
正常之下第1區	持股不低於60%	1.46	1.55	5,596	8,190	8,677
正常之下第2區	持股不低於70%	1.38	1.46	5,596	7,703	8,190
正常之下第3區	持股不低於80%	1.29	1.38	5,596	7,217	7,703
正常之下第4區	持股不低於90%	1.20	1.29	5,596	6,730	7,217
正常之下第5區	全部資金投入股市		1.20	5,596		6,730

本表每月7日調整一次

2-6

五線譜的
最佳買點

討論完資金配置後，還有一個問題困擾著五線譜的投資人，就是該在趨勢線減 1 個標準差（TL-1SD），還是減 2 個標準差（TL-2SD）買進？該在趨勢線加 1 個標準差（TL+1SD），還是加 2 個標準差（TL+2SD）賣出呢？

這要看你的口袋是深或淺，操作方式會因為能投入的資金不同，而有所差異。

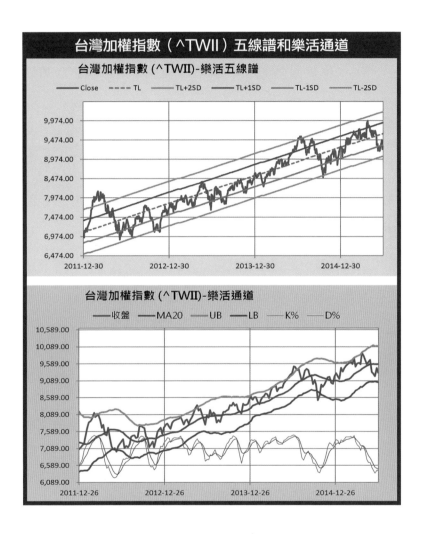

當出現買點，也就是在趨勢線減 1 個標準差以下時，有
多筆資金的人，在有基本面分析的前提下，例如殖利率已

達 6%，就可以分批投入，然後執行「金字塔投資法」（見 p.131），也就是買進後，跌 10% 加碼 10%，跌 20% 加碼 20%，跌 30% 加碼 30%，跌 40% 全部買進。

在跌到 30% 之前，你投入的比重不高，所以還能接受，等跌到 30%，你要投入 30%，或跌到 40%，你要投入 40% 時，帳面上已經有不少虧損，除非你很有保握，否則要投入鉅額資金，將會考驗你的耐性。

如果你只有一筆資金，就得好好挑選買點了，因為你無法往下加碼。因此，遇到趨勢線減 1 個或 2 個標準差時，就必須看訊號，例如 KD 值已經出現低檔交叉，或者樂活通道已從下沿回到正常區間，這才是買進訊號。

換句話說，你可能在減 1 個標準、減 1.5 個標準差或減 2 個標準差時買進，這都是相對便宜的位置，但為了有效運用資金，必須看買進訊號。

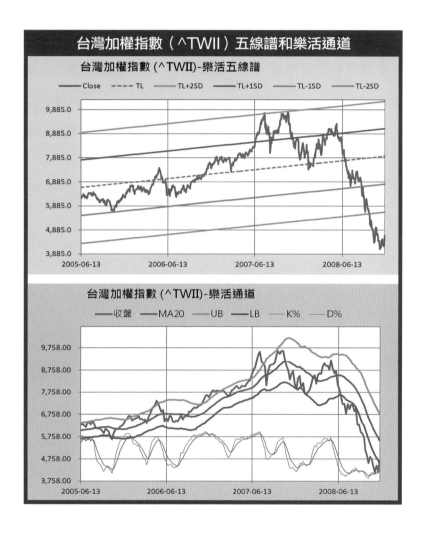

我們以 2008 年台股的金融海嘯為例，只有一筆資金的投
資人，應該在 2008 年 12 月 10 日跌破 2 個標準差，而且樂

活通道由下沿回到正常區間時的 4561.7 點買進。

　　有多筆資金的投資人，在跌破 6700 點，也就是減 1 個標準差之後開始分批加碼，或啟動「金字塔投資法」。買多或買少，就看你有沒有評估基本面，對當時的股價淨值比和殖利率有沒有信心。

投資筆記本

五線譜基金操作法

投資基金、高收債或REITs，五線譜及樂活通道堪稱最佳
幫手，它不僅可幫你找到最合適的進場和出場時機，還
能為你解決套牢基金，把失去的都賺回來。

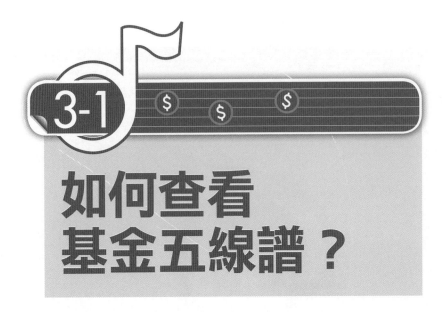

如何查看
基金五線譜？

很多網友問，五線譜可不可以運用在國內核備的境外基金，畢竟不是每個人都想複委託投資海外 ETF。為此，我們開發了基金五線譜的網頁版，讓大家可以線上查詢。不過這個功能僅適用於在台灣買得到的基金，而且只限於 Yahoo! 奇摩理財版有提供資料的基金。

在使用基金五線譜前，我先說明基本原理。五線譜是以3.5年為預設值，假設6～8年是一個循環，而且該標的會均值回

歸，也就是説，跌破趨勢線的基金會回升，漲過趨勢線的基金會回跌，在這個假設下，基金五線譜才可以作為投資基金的參考工具。

一般而言，全球、單一地區或單一國家的股市大約每6～8年就會產生一個循環週期。然而如果是產業類型的基金，如科技、農糧、健康醫療、不動產、石油、黃金礦業等，循環週期就比較不確定。

其他像衍生性金融商品，比如兩倍、反向等基金，則不一定會均值回歸，而且有時間成本，不適合持有超過1年以上。另外，不動產可能要10～20年才會有一個循環，黃金的循環週期也很長。

了解這些前提之後，接著就來看看如何快速查詢基金五線譜圖表。

Step 1 在網頁上搜尋「Yahoo!奇摩理財基金代碼表_2016-05-30_rev1.xls」並下載

Step 2 利用Excel內建的篩選功能或是按Ctrl＋F搜尋想要查詢的基金。

Step 3 直接以滑鼠點選E欄「基金五線譜」的「點我」。

	分類	基金公司/總代理人	基金名稱	基金代碼	基金五線譜
4010	境外基金	摩根證券股份有限公司	摩根新興市場本地貨幣債券(美元) - C股(累計)	F00000GYGR:FO	點我
4011	境外基金	摩根證券股份有限公司	摩根美元貨幣基金 - JPM美元貨幣（美元） - A股（累計）	F00000TNU3:FO	點我
4012	境外基金	摩根證券股份有限公司	摩根新興市場本地貨幣債券(澳幣對沖) - A股(利率入息)	F00000Q6JE:FO	點我
4013	境外基金	摩根證券股份有限公司	摩根新興市場本地貨幣債券(美元)-A股(累計)	F000001ACK:FO	點我
4014	境外基金	摩根證券股份有限公司	摩根新興市場本地貨幣債券(美元)-A股(每月派息)	F00000SI6B:FO	點我
4015	境外基金	摩根證券股份有限公司	摩根日本(美元對沖) - C股(累計)	F00000SSRX:FO	點我
4016	境外基金	摩根證券股份有限公司	摩根日本(美元對沖) - A股(累計)	F00000S762:FO	點我
4017	境外基金	摩根證券股份有限公司	摩根日本(日圓) - A股(累計)	F0GBR06G8U:FO	點我
4018	境外基金	摩根證券股份有限公司	摩根馬來西亞基金	F0GBR064C4:FO	點我
4019	境外基金	摩根證券股份有限公司	摩根日本(日圓)(美元對沖)(累計)	F00000Q8BN:FO	點我
4020	境外基金	摩根證券股份有限公司	摩根美國小型企業(美元) - A股perf (分派)	F0GBR05WRL:FO	點我
4021	境外基金	摩根證券股份有限公司	摩根日本(日圓)基金	F0GBR064C0:FO	點我
4022	境外基金	摩根證券股份有限公司	摩根菲律賓基金	F0GBR060KK:FO	點我
4023	境外基金	摩根證券股份有限公司	摩根拉丁美洲基金 - JPM拉丁美洲（美元） - A股（分派）	F0GBR04SNN:FO	點我
4024	境外基金	摩根證券股份有限公司	摩根拉丁美洲(美元) - C股(累計)	F0GBR05WPA:FO	點我

Step 4 查詢該基金的樂活五線譜、樂活通道及週KD。

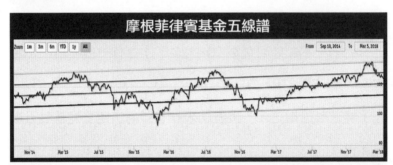

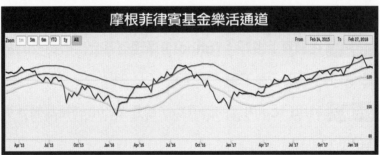

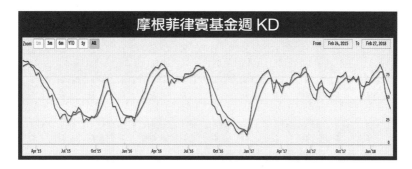

　　基金操作的方式與股票相同，就是要在買進訊號出現時買
進，並在賣出訊號出現時賣出。所謂買進訊號是指該基金價
格（淨值）位於五線譜趨勢線減1個標準差或減2個標準差，
且樂活通道或KD值出現買進訊號。而賣出訊號則是基金淨值
位於五線譜趨勢線加1個標準差或加2個標準差，且樂活通道
或KD值出現賣出訊號。

如何判斷手上
基金是否該賣？

兩年多前有位網友問我，買了貝萊德世界礦業和富達歐洲小型企業2檔基金，都賠了超過20%，到底該如何處理？會這樣問，表示他其實很想賣。

評估基金是否該賣的SOP是，先跑出五線譜，如果處於低檔就放著，處於高檔則賣出，以下我們來分析這2檔基金的五線譜。

以貝萊德礦業基金為例，之前的高檔是80多美元，2016

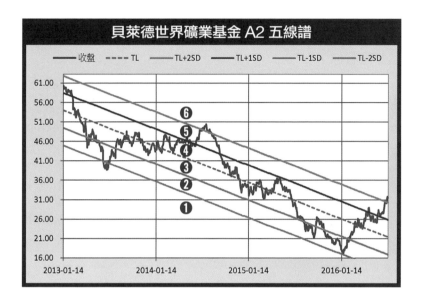

年7月時淨值才30多美元，要不要賣呢？

　　不論賺賠，最好都先看10年期與3.5年期的五線譜，在位置5和6就減碼，在位置1或2就加碼。過去的投資績效與現在無關，記得要和過去說拜拜。

　　面對它、接受它、處理它、放下它！當碰到理財難題時，也可以運用聖嚴法師的「四它」來處理。其中「處理它」就是用我們社團（Finance168財經學院，http://onesky.pixnet.net/blog）建議的SOP，從10年期及3.5年期五線譜著手，

「放下它」就是不要再將過去的包袱背在身上，別讓虧損的陰影跟著你！

當然也可以持有它直至淨值回到80元，然而繼續持有也會產生機會成本，這點要特別留意。你會這樣問，一定是想要處理，放著不動或往下加碼都是處理方式。切記，過去的績效與現在無關，正確的處理方式是該買就買、該賣就賣。但是如果你一定要與過去連結，那麼順著五線譜低檔加碼攤平，高檔出售拔檔，也是不錯的解套方法。

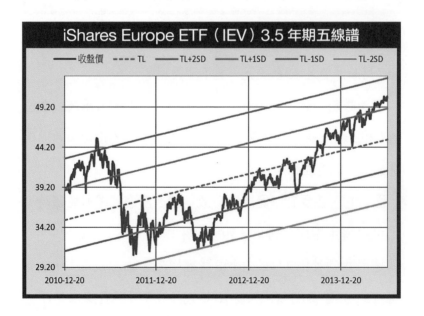

接著來看富達歐洲小型企業基金，這位網友可能有停扣，因為這檔基金的獲利超過20%，他竟然跌超過20%。我也曾買過這檔基金，2014年6月時曾漲到五線譜趨勢線加1個標準差的位置，要獲利20%，其實不難。

以調整後收盤價來看歐股，應該不會虧損。我們從歐股近10年期的五線譜可以看出，股價其實有回到新高。那位網友會賠錢，可能是因為定期定額停扣而導致。

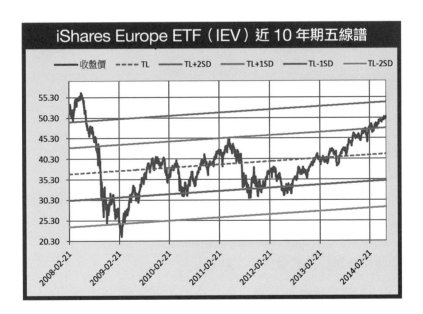

用五線譜
解決套牢的基金

　　有網友從2010年開始定期定額投資新興歐洲與拉美市場，至2016年的績效如右頁表1及表2。

　　以2015年來看（表3），如果根據五線譜於低檔單筆買進貝萊德新興歐洲基金，與這位網友的定期定額績效來比較，會發現單筆買進的損失比定期定額少。

　　這位網友該如何讓這2筆基金解套呢？要解決套牢的基金，須看基金淨值在五線譜的位置，如果是在低點就續扣，

在高點則可以考慮賣出。

表1	貝萊德新興歐洲基金定期定額績效			單位：新台幣
年份	市值	成本	未實現損益	百分比
2010	5,976	6,072	-96	-1.58%
2011	32,695	42,504	-9,809	-23.08%
2012	75,915	78,936	-3,021	-3.83%
2013	113,662	115,368	-1,706	-1.48%
2014	122,291	151,800	-29,509	-19.44%
2015	141,792	188,232	-46,440	-24.67%
2016	213,074	224,664	-11,590	-5.16%

表2	貝萊德拉丁美洲基金定期定額績效			單位：新台幣
年份	市值	成本	未實現損益	百分比
2010	5,811	6,072	-216	-4.30%
2011	36,197	42,504	-6,307	-14.84%
2012	72,666	78,936	-6,270	-7.94%
2013	98,146	115,368	-17,222	-14.93%
2014	126,418	151,800	-25,382	-16.72%
2015	122,123	188,232	-66,109	-35.12%
2016	184,261	224,664	-40,403	-17.98%

表3	2015年單筆買進新興歐洲基金績效			單位：新台幣
基金名稱	市值	成本	未實現損益	百分比
貝萊德新興歐洲	147,365	163,944	-16,579	-10.11%

　　這2檔基金在2017年7月分別有達到趨勢線加一個標準差的位置，可以考慮賣出解套。

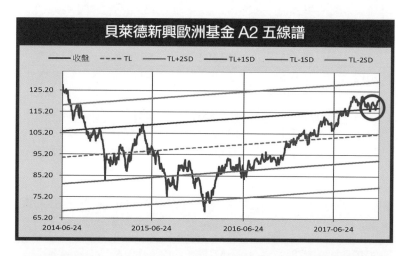

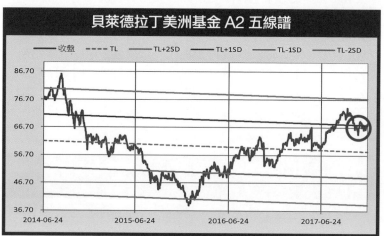

36期定期定額投資法

無論是投資基金或 ETF，我建議的定期定額投資法是：36個月定期定額。

想賺波段的投資人，可以在低檔買進、高檔賣出，問題是，低檔可能還有更低，高檔可能還有更高，有些人買進賣出被兩頭賞巴掌，不但沒有賺到波段，反而賠了價差和交易成本。

如果不想擇股及擇時，則可以改用定期定額投資法。如果

你有一筆錢，例如360萬元，每個月定期定額1萬元，那要多久扣完呢？依據過去的經驗，如果將資金分成36期（360萬元就是每期10萬元），那麼一定會賺錢。

36期定期定額投資法，是將資金分成36等份定期定額投入，以36期為一個循環，其間如果獲利超過20%，就將之賣出。然後將既有現金加上賣出金額，除以36再投入。

採用36期的主要原因是，一個股市的小循環大概是3～4年，投資滿一個股市循環，應該有機會來到高點獲利了結。

然而，我在2010年建議採用這種投資法後，發現不是很正確，因為不是每個國家都適用這種方式，我以金融海嘯後的各國股市來進行實證。

以2012年1月到2014年12月的36個月來看，著名的定期定額標的如新興歐洲、新興拉美、新興亞洲及新興市場的定期定額績效均不佳，只有世界指數及美國指數的表現比較好，這個時期的中國A股、印度、台灣也不錯。

單筆 vs 定期定額：2012/01～2014/12 單位：%				
指數名稱	標準差	單筆報酬	定期定額報酬	複合報酬率
MSCI新興歐洲指數	9.2	-34.9	-29.6	-11.1
MSCI巴西指數	15.1	-43.6	-25.0	-9.2
MSCI新興拉美指數	8.7	-32.7	-20.3	-7.3
MSCI金磚四國指數	11.0	-14.3	-6.1	-2.1
MSCI新興市場指數	6.7	-6.2	-4.6	-1.5
MSCI太平洋指數（日本除外）	6.1	5.7	-2.0	-0.7
MSCI印尼指數	12.4	-8.2	-0.9	-0.3
MSCI新興亞洲指數	7.5	9.3	4.5	1.6
MSCI歐洲指數	4.2	22.5	5.4	1.8
MSCI日本指數	7.2	19.2	7.2	2.4
MSCI香港指數	8.5	25.4	9.1	2.9
MSCI台灣指數	11.1	18.6	10.5	3.4
MSCI AC世界指數	3.8	31.7	13.5	4.3
MSCI印度指數	8.0	18.4	17.8	5.6
MSCI美國指數	3.6	56.6	26.4	8.1
MSCI中國A股指數	8.7	46.7	44.5	13.0

2011年1月到2013年12月的36個月，美國及世界指數的定期定額績效很好，歐洲和日本也還不錯。

單筆 vs 定期定額：2011/01～2013/12				單位：%
指數名稱	標準差	單筆報酬	定期定額報酬	複合報酬率
MSCI新興歐洲指數	9.2	-18.9	-4.9	-1.7
MSCI巴西指數	15.1	-38.3	-20.6	-7.4
MSCI新興拉美指數	8.7	-27.3	-14.5	-5.1
MSCI金磚四國指數	11.0	-19.2	-4.9	-1.7
MSCI新興市場指數	6.7	-10.4	-1.5	-0.5
MSCI太平洋指數（日本除外）	6.1	2.6	5.4	1.8
MSCI印尼指數	12.4	-11.2	-22.2	-8.0
MSCI新興亞洲指數	7.5	-3.2	4.2	1.4
MSCI歐洲指數	4.2	16.3	22.5	7.0
MSCI日本指數	7.2	10.6	19.0	6.0
MSCI香港指數	8.5	7.9	13.9	4.4
MSCI台灣指數	11.1	-10.1	6.4	2.1
MSCI AC世界指數	3.8	21.7	20.6	6.4
MSCI印度指數	8.0	-16.2	-2.2	-0.8
MSCI美國指數	3.6	43.9	30.3	9.2
MSCI中國A股指數	8.7	-16.3	-3.1	-1.0

2010年1月到2012年12月這36個月，也是美國和世界指數比較好，香港表現還不錯。

單筆 vs 定期定額：2010/01～2012/12				單位：%
指數名稱	標準差	單筆報酬	定期定額報酬	複合報酬率
MSCI新興歐洲指數	9.2	0.6	1.0	0.3
MSCI巴西指數	15.1	-15.5	-13.4	-4.7
MSCI新興拉美指數	8.7	1.3	-4.4	-1.5
MSCI金磚四國指數	11.0	-3.3	-3.6	-1.2
MSCI新興市場指數	6.7	13.0	3.7	1.2
MSCI太平洋指數（日本除外）	6.1	20.9	9.4	3.0
MSCI印尼指數	12.4	37.0	8.1	2.6
MSCI新興亞洲指數	7.5	18.6	6.8	2.2
MSCI歐洲指數	4.2	6.6	6.1	2.0
MSCI日本指數	7.2	-1.4	-0.9	-0.3
MSCI香港指數	8.5	30.1	12.5	4.0
MSCI台灣指數	11.1	10.1	2.8	0.9
MSCI AC世界指數	3.8	18.7	8.2	2.7
MSCI印度指數	8.0	-3.1	-3.5	-1.2
MSCI美國指數	3.6	33.1	13.8	4.4
MSCI中國A股指數	8.7	-14.2	-5.8	-2.0

經過實證後發現，36期定期定額投資，還是以正斜率的美國及世界指數為佳，台灣也是可以考慮，但其他各國就不太穩定。

不是所有標的都適合36期定期定額投資

以俄羅斯的 ETF 為例，持續下滑的股價走勢，36期都扣完，股價仍持續下跌，可能會套牢很久，這種標的就不適合36期定期定額投資法。

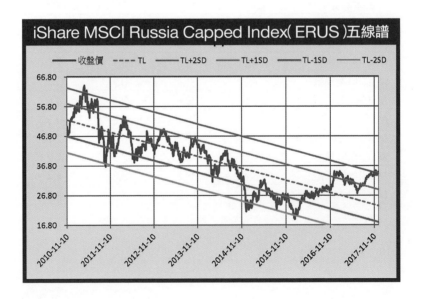

以台灣加權股價指數為例，執行36期定期定額投資，當獲利超過20%就賣出，從1998年1月到2018年1月，共有208次定期定額交易，出現6次賣出訊號，賣出點都在相對高點，總報酬率達201.04%，年化報酬率5.72%，如果再加上3%的現金股息，報酬率更高。

如果你已經有一筆錢（100萬元以上），不想用五線譜做單筆投資，也不想每月只扣款3,000元或10,000元，36期定期定額投資法（獲利超過20%即賣出）是不錯的選擇。

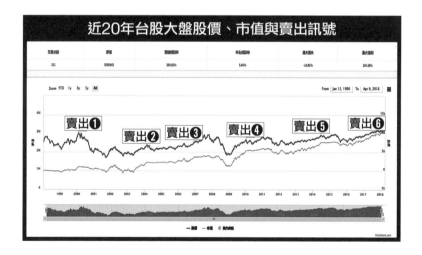

五線譜
單筆投資法

單筆投資基金或 ETF，我建議採用金字塔加碼方式，一般而言，由高點跌 10% 加 10%、跌 20% 加 20%、跌 30% 加 30%、跌 40% 全押。

然而每個地區漲跌幅的歷史數據不一樣，我們對於 10% 的比率有所修正。新興亞洲過去的漲跌幅，最多跌 62.8%，建議以跌 10%、20%、30%、40% 的方式加碼。

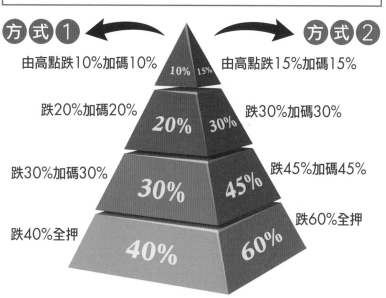

金字塔加碼法

方式 ①

由高點跌10%加碼10% 10%

跌20%加碼20% 20%

跌30%加碼30% 30%

跌40%全押 40%

方式 ②

由高點跌15%加碼15% 15%

跌30%加碼30% 30%

跌45%加碼45% 45%

跌60%全押 60%

新興亞洲指數漲跌幅					
持有2年	最高點	日期	最低點	日期	漲跌幅
2003~2004	231.6	2004/12/31	127.2	2003/03/31	82.0%
2004~2005	286.2	2005/12/30	187.3	2004/07/30	52.8%
2005~2006	371.5	2006/12/29	229.3	2005/04/29	62.0%
2006~2007	570.4	2007/10/31	301.9	2006/07/31	89.0%
2007~2008	570.4	2007/10/31	212.2	2008/11/28	-62.8%
2008~2009	474.8	2008/04/30	206.0	2009/02/27	-56.6%
2009~2010	468.2	2010/12/31	206.0	2009/02/27	127.3%
2010~2011	491.3	2011/04/29	367.1	2011/09/30	-25.3%
2011~2012	491.3	2011/04/29	367.1	2011/09/30	-25.3%

　　新興拉美過去的漲跌幅，最多跌61.9%，也是建議以跌10%、20%、30%、40% 的方式加碼。

新興拉美指數漲跌幅					
持有2年	最高點	日期	最低點	日期	漲跌幅
2003~2004	1483.6	2004/12/31	618.6	2003/02/28	139.8%
2004~2005	2150.0	2005/12/30	1029.3	2004/05/31	108.9%
2005~2006	2995.7	2006/12/29	1453.4	2005/04/29	106.1%
2006~2007	4616.4	2007/10/31	2274.7	2006/05/31	102.9%
2007~2008	5148.9	2008/05/30	2028.1	2008/11/28	-60.6%
2008~2009	5148.9	2008/05/30	1962.5	2009/02/27	-61.9%
2009~2010	4613.7	2010/12/31	1962.5	2009/02/27	135.1%
2010~2011	4634.2	2011/04/29	3341.9	2011/09/30	-27.9%
2011~2012	4634.2	2011/04/29	3341.9	2011/09/30	-27.9%

　　新興歐洲最多跌75%，可用15%、30%、45%、60% 加碼。

新興歐洲指數漲跌幅					
持有2年	最高點	日期	最低點	日期	漲跌幅
2003~2004	323.7	2004/12/31	139.8	2003/03/31	131.6%
2004~2005	476.4	2005/12/30	247.4	2004/07/30	92.5%
2005~2006	636.2	2006/12/29	320.6	2005/04/29	98.4%
2006~2007	813.2	2007/12/31	527.4	2006/05/31	54.2%
2007~2008	813.2	2007/12/31	255.3	2008/12/31	-68.6%
2008~2009	807.4	2008/05/30	202.3	2009/02/27	-75.0%
2009~2010	529.4	2010/12/31	202.3	2009/02/27	161.8%
2010~2011	613.0	2011/04/29	408.0	2010/06/30	50.2%

　　一旦決定採用金字塔加碼，就可以搭配五線譜，如果加碼點在趨勢線減1個標準差之上，就先不要加碼，等跌到五線譜趨勢線減1個標準差或2個標準差時，再看已經跌了幾個百分點，如果那時已經跌了30%，就一次加碼60%（補足第1次加碼10%和第2次加碼20%的部分）。不過，還是要看有沒有在樂活通道內，如果跌破樂活通道下沿，所有加碼都暫停，等回到通道內再加碼。

　　至於賣出時機，也可以參考五線譜，在趨勢線加1個標準差或加2個標準差賣出，如果賣出時已經突破樂活通道上沿，就暫停賣出，等回到樂活通道內才賣出。

3-6

用五線譜
操作高收債

高收益債券是一種高風險、高報酬的投資標的，由於大多屬於非投資等級債券，又稱為「垃圾債券」，不過一般投資機構不會稱它為垃圾債，而是稱為高收益債券，簡稱「高收債」。其實，如果好好控制風險，高收債基金對於重視現金流的投資人來說，是不錯的標的。

在解說高收債前，先介紹債券信用評等制度。標準普爾公司將債券的信用評等分為：品質極佳（AAA、AA）、品質佳

（A、BBB）、投機（BB、B、CCC）、品質極差（CC、C、D）不同等級。評等在 BBB（含）以上，屬於投資等級債券，其餘的就是非投資等級債券，也就是垃圾債券，意思是，買進垃圾債券後違約的機率相當高，所以很多專家不建議投資人買高收債，並將之視為毒蛇猛獸。

債券具擔保品 違約損失沒想像中大

最近一次高收債出事，是因為油價下滑導致頁岩油開採公司的公司債違約，2015年12月美國 Third Avenue 基金公司宣布，清算規模7.89億美元的聚焦信用基金（Focused Credit Fund）並暫緩贖回，以免損失擴大，因為該基金是已破產的能源供應商 Energy Future 控股其中一檔發債的最大投資者。

同時間，CCC 級高收債的殖利率漲到10%以上（債券的殖利率上漲，表示價格下跌），因為投資人擔心高收債崩盤，紛紛贖回手上的高收債基金。

CCC 級的垃圾債券違約率高是真的，但沒那麼可怕。假設有一檔高收債基金目前淨值為10元，全部持有垃圾債，違約率33%，也就是你持有的成本損失了33%，10元剩下6.67

元，但實際上這些債券很多都有擔保，或者破產的公司仍有具價值的資產可以回收，大家不要忘記，債券的清償順序優先於股東，假設回收的價值有30%，那麼這個違約的3.3元中可以回收1元，所以你真正的損失是2.3元。

這2.3元就是在不景氣時投資高收債因違約所產生的實際損失，但是人們在不景氣時容易恐慌，所以會競相拋售高收債，可能導致高收債價格跌到4元也說不定。雖然違約的實質損失可能有2.3元，但如果你買進高收債時的殖利率為6%，那麼這個2.3元剛好抵銷你4年的利息，到了第5年以後，你還是可以持續賺6%的利息。

而當景氣回溫時，部分債券會因為發行公司的營運轉佳，被信評公司調升評等，這個時候垃圾債就被轉為投資級債券，價格會因而大漲，所以你不需要等4年就可以收復你的失土了。

看一下歷史資料，過去高收債遇到不景氣，價格有沒有創新高？答案是：有。以台灣過去最熱門的聯博全球高收債基金（AT）來看，包含配息的收益後，自2002年10月至2016年9月，將近15年的報酬率達260%，即使在最高點買進，只

要2年或2年多一點就可以解套，比上述估計的4年短很多。
這是因為高收益債券基金不是全部都買CCC級的垃圾債，所
以損失沒有那麼多。

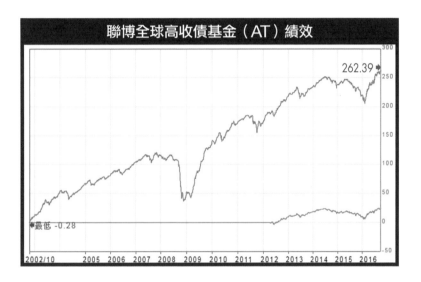

這樣來看，不論高收債基金發放的配息，是純配發利息
或部分配發退還本金，結果都一樣，因為總收益是利息殖利
率（配息）加上資本利得率（價差），如果配息高、利得少
（配還本金還有可能為負），總收益仍為正數，所以這不是
選擇高收債基金的主要考量。

那麼挑選高收債基金的主要考量是什麼？答案是基金規模。基金規模大，遇到2015年12月的大贖回潮時，仍然不會宣布清算，只要不清算，投資人就可以等待均值回歸；一旦清算，縱使當初是以8%殖利率買進也沒用，因為你沒辦法再享有每月8%的殖利率了。清算後，只能領回清算後的淨值，未實現損失將變成已實現損失，無法再享有每月的配息，也無法期待均值回歸。

抓對時機投資 現金流、價差兩頭賺

高收債是現金流型投資人相當不錯的選擇，因為選擇月配型的高收債，每個月都可以配到現金利息，尤其高收債的配息，即使很不幸買在高點，殖利率也有4%左右，而在恐慌時買進，搞不好殖利率可以達到7%～10%，以現在低率的環境來看，高收債算是不錯的投資標的。

但前提是，你買的高收債基金不能被清算，這是買高收債基金最大的風險。因此，為了避免清算風險，記得挑選基金規模大的高收債基金。

高收債的第2個風險就是買在太高點，這部分就是五線譜

可以解決的問題。買進點怎麼看？首先高收債的投資者很在乎每個月的現金流，所以最好在殖利率達6%以上才買進，再來就是看五線譜。

以聯博全球高收債基金（AT）為例，2016年3月4日時基金淨值跌到4元，五線譜跌到趨勢線減2個標準差的位置，樂活通道跌破下沿後回到正常區間是買進點，當時的殖利率是7.13%（以2016年2月26日發放利息日計算），對現金流存股的投資人來說，是不錯的進場位置。

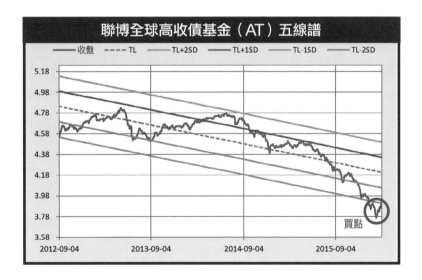

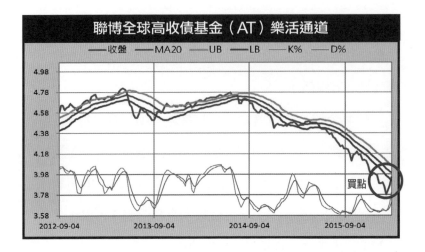

想要存高收債領息的投資人，只要確定在低檔買進就好了。若想賺取價差的話，再來看看右頁的五線譜：2016年8月1日，聯博全球高收債基金（AT）淨值為4.2元，來到了五線譜的趨勢線加標準差，且樂活通道上沿回到正常區間的賣點，以4.2元賣出，外加0.115元的利息，總共賺0.315元，5個月賺7.8%，也是不錯。

但要注意的是，這中間還有匯率風險。台幣兌美元在30～33區間波動，如果以美元存款買進，等到突破33時再換回台幣，才沒有匯損的問題。匯率是海外投資可能發生的風險，也是投資人必須管控的重要項目。

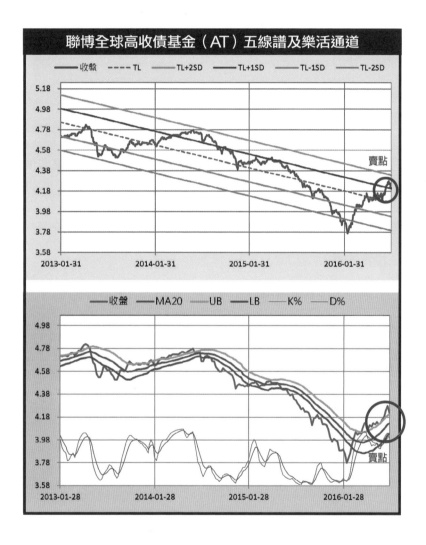

野人的高收債投資心法

關於高收債，教授曾經與野人（Allan Lin）討論過很長的一段時間，基本上野人對於高收債的看法有以下3點：①高收債的安全程度不比股票差。②高收債有高違約率的特性，為分散風險，以買基金型商品為宜。③可同時考慮殖利率及五線譜作為投資依據。

茲將野人投資高收債的心得分為3篇短文，供讀者參考。

第1篇 高收債投資風險不比股票高

我先由2家電信公司的投資說起。巴西最大電信商Oi SA（OIBR）出資投資葡萄牙電信（PT），葡萄牙電信存了一些錢買了聖靈銀行（Banco Espírito Santo）的債券，結果聖靈銀行於2014年宣布破產。

有人告訴我可以去買這2家電信公司的債券，我在德國交易所的網站找到OIBR和葡萄牙電信的債券，那時候殖利率大約

6%～7%。我買股票怕公司倒閉，若倒閉了，股東什麼都沒有，然而這些債券卻是高級債券（有擔保的債券），意即清償順序是股東優先，我一看就想說，以前怎麼那麼笨會去買這2家公司的股票？

我其實對投資這2家公司的股票沒有把握，只是因為當時的管理階層宣布第2年要配多少股息，以當時的股價算，殖利率大概4%～5%，但是現在出了問題，可能就配不出來了。我看了股價走勢圖後瞬間開悟，本來一家是20多元，另外一家大約15元，現在居然可以跌到1點多元和零點多元，跌幅達99%。好玩的是，這2家公司的營收沒有下滑很多，股價卻能跌成這樣，所以並不是經營不善導致。

如果以創造穩定現金流的觀點來看，買公司債券就好了。若是在2014年投資，到期日是7年之後，這7年間只要公司不倒閉，我就可以收回本金，而且利息收入也將近50%。這個例子帶給我很大的啟示──投資公司債不會比投資股票還差。

這2家公司的公司債是屬於垃圾評等，也就是BBB等級以下的債券，然而一般投資人通常買不到這些債券，就算買得到，也還是會遇到公司可能倒閉的情況。所以說，以現金流及風險

分散的眼光來看，可以投資高收益債券基金。

　高收益債券常給人是垃圾債券的印象，但是我覺得沒有那麼差，像這2家電信公司，雖然沒有AA級的評等，但是營運穩定，實在沒有那麼糟。

　投資高收益債券必須考量兩個比率，一個是違約率，另一個是回復率。違約率是所投資債券違約的比率，但是違約並不表示這些本金都收不回來；而回復率就是催收回來的資產比例。有了這兩個比率的觀念後，就知道買高收債其實不用太擔心，風險更不會比投資股票大多少。

第2篇 用合理價買進 賺取現金流

　投資高收債，基於現金流及風險分散原則，可以買高收益債券基金，而且還能賺價差；投資人可以用五線譜和樂活通道的買賣原則來進行價差交易。然而有些人會質疑，你是現金流的投資人，卻將會產生現金流的基金賣掉，到時候拿什麼來賺現金？這就是再投資的風險，雖然我也同意這樣做會有再投資的風險，但是能擁有現金也是很不錯，當高收債的價格又跌下

來，或者是美國30年期公債殖利率大於4%的時候，就可以買進一些，這也是不錯的投資。

我的投資風格是以賺現金為主，然而如果基金的價格漲得太離譜，也不排斥賺價差。與一般以賺價差為主要目的的投資人不同，以賺現金為主的投資策略比較沒有那麼痛苦，賺價差的投資人有時需要等待，但多數人都會在等了1、2年之後，開始質疑為何沒有賺到價差？這在心理學上叫做「相對挫折」。設定的目標越低，滿意度越高，對我而言，只要報酬率高於定存利率就很滿意了。

投資高收債 不必擔心錢會不見

但是我在網路上看到多數人的投資計畫，都是每年要賺15%、20%，太厲害了，隨便算一算，20%的複利，以72法則計算（72÷20），只要3.6年就可以賺1倍。我開玩笑地說，如果這樣算，沒多久就變成郭台銘了。用這種心態賺錢，想一想你也沒有花很多時間在投資上，有什麼能力可以賺這麼多？

如果你的目標在賺價差，卻因為等了一段時間沒有賺到，只要三不五時出現一個小利空，就趕快賣掉出場，若是5%就停損，大約玩個20次就不用玩了。所以我們的投資策略是用合理

的價格買進賺現金流，當然如果債券基金或股票的價格上漲，也不排斥賺價差。但是我的投資心態也是隨緣，不會特別設定高收益債每年要賺15%，說真的，要賺到15%得等很久的一段時間。

一開始我也是沒有經驗，亂槍打鳥全部買下去，我的目的是拿到平均的利率就好，例如美國高等的公司債每年殖利率平均3%～4%，假設高收益債包括貨幣避險，每年殖利率大約5%～7%，我亂槍打鳥就可以平均獲得5%的殖利率，中間的價格如何波動我都不介意，因為錢不會突然不見，只要投資人不買股票，熱錢就會衝到國債去。當初美國前Fed主席柏南克（Ben Bernanke）宣布升息時，10年期公債殖利率為3%多一些，後來跌到1%多；當跌到2%以下就表示錢跑到公債去了。

2011年的某一天，我忽然發現自己怎麼那麼厲害，我的債券可以賺超過20%！我已經每月領息了，獲利還有20%以上，不過高興沒多久就忽然崩盤，也就是柏南克宣布可能升息的那個時候，後來我就用五線譜系統開始回測，發現五線譜怎麼那麼好用！除了這一次以外，我還回測了幾個高點，都很準！這給我很大的信心，因為過去沒有測試高低點的工具，像有些投資

專家講的，高收債買來就是要收利息啊！

如果你問這些人有價差要不要賣？他們會說不賣，因為他們認為買高收債就是要收利息。我認為這些人是因為沒有評估的工具，如果看五線譜，就可以判斷未來上漲的機率很低，先賣一點有什麼關係？而且如果賣掉的價差達到未來3～4年的利息，提早將未來3～4年的利息賺回來有什麼不好呢？再說3、4年後債券價格下跌的機率也是有的。

遇金融風暴仍持續配息

高收債被稱為垃圾債，我覺得是被汙名化，過去我一直在查2008年金融海嘯時期高收債的違約率，但是這部分被基金公司視為機密，不對外公布，所以我利用違約率及回復率來推算大概可以知道，高收債的投資報酬碰到像2008年的金融風暴也不用怕，因為很快就會回來。

2008年當時股票大約跌40%～50%，債券則大約跌了30%～40%，但這只用市場價格來推算，若把債券的違約率及回復率考量進去，實際上並沒有損失那麼多。高收益債的淨值是用當時「市場先生」提供的市價來衡量，大家都知道生性躁鬱的市場先生會過分反映高收益債的本質，而用違約率及回復率評估

真實價格，是理性的投資人該做的事。

在兵荒馬亂時，高收益債的市值也會被打個6、7折，然而在這段期間，現金流照樣會進來。先前研究金融海嘯期間對高收益債的影響時，發現其違約率和回復率基本面沒有改變很多，而且持續配息，並沒有侵蝕到多少本金，由配息來倒推也可以判斷高收益債的本質沒有受到金融海嘯很大的影響，但是市場已經瘋狂，由於奪門效應，投資人逼著基金經理人出售投資標的，而這時也正是我們出手的時候。

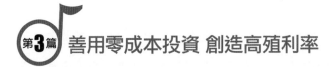
第3篇 善用零成本投資 創造高殖利率

高收益債券的違約率和回復率是評估高收債本質的重要指標，但是一般投資人很難取得這2個數據，因此也可以用高收益債及美國公債之間的利差來做評估，不過我建議用五線譜來判斷更為真切，因為用利差來評價會有一個問題，就好像REITs的投資用股價淨值比一樣沒辦法設定一個準則，到底股價淨值比低於1會比較好嗎？

股價淨值比若是0.7倍還是有可能跌到更低，一般投資人雖

然知道是相對低點，但是還會再低多久，就必須考慮到投資的耐力與痛苦承受度，高收債與公債的利差也是一樣，原來的利差是5%，你認為可以買，沒多久又降到6%、7%，金融海嘯期間利差曾經一度來到10%多。

為了找出可以買進高收益債的利差準則，我到聖路易聯邦銀行經濟資料庫（一個能夠查詢90%以上美國經濟指標的網站：https://fred.stlouisfed.org/）查詢歷年紀錄，結果發現只要是分段找出來的資料，其平均數及標準差都不一樣。

例如你用短時間算會發現5%是不錯的介入時機，然而如果用較長的時間計算又可能是6%。後來我們用半衰期3年的長度來做回測，發現3年剛好又是低點，所以我認為用3年期的五線譜來做買進評估點最適當。

獲利後將成本變現提高殖利率

用五線譜同樣會有時間長度不同，產生的買進賣出指標不一樣的問題，解決方法就是考量殖利率，也就是現金流。如果你對6%的殖利率很滿意，五線譜也到了買進的位置，就去買囉！未來可能還會再跌，但是因為你對6%的利息已經很滿意就OK了，也許殖利率會漲到7%或8%，那麼到時候只要你有錢

就繼續買一點賺更多利息。

我們和其他理財顧問的想法比較不同的是，當價格提高到五線譜的賣出訊號時，可以逢高調節，漸漸降低到零成本，達到提高殖利率的目標。比較極端的作法是你賺了20%，可以將原來80%的成本賣出變現，也就是成本已經回收，剩下的20%都是零成本，這個時候收到的利息，其殖利率相當於無限大（因為分母為零）。當然成本也不用一次就賣光，可以慢慢回收本金，使你的分母漸漸降低，達到提高殖利率的目的，而終極目的就是零成本。我為什麼可以到目前還持有美國蘋果公司的債券而不賣，就是因為我已經零成本了，所以抱得住、抱得久。

至於標的的選擇，我覺得都差不多，因為債券基金的經理人都是專家，不同於股票，債券有天花板，只要持有到期以前不違約，就可以收回本金。美國前Fed主席柏南克說要升息時，我觀察富蘭克林債券基金的存續期間就降至1年多，聯博高收債則仍然維持在3年多，但是他們有解釋說升息可能只升一點點，還可以承受。

買規模最大的基金避免風險

現在有個問題，就是當你把成本賣出變現後，該投資什麼

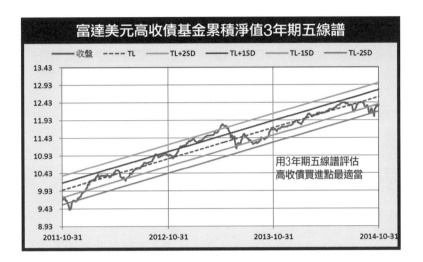

富達美元高收債基金累積淨值3年期五線譜

收盤　----TL　TL+2SD　TL+1SD　TL-1SD　TL-2SD

用3年期五線譜評估
高收債買進點最適當

標的呢？這就是再投資風險。美國公債的殖利率有時候低於2%，而高收益債利率則必須維持一定水準，有些投資人是為了避免升息而轉換投資標的，結果等了1年、2年、3年都沒有升息，或只升一點點，這個動作可能就白做了。

升息對高收債的影響是好還是壞，其實是個大問號。因為高收債受到兩個因素的衝擊，如果市場利率上升很多，投資人會賣出高收債買進高評等債券，除非高收債提高票面利率，但不論是前者或後者，都會導致高收債價格下跌。

可是升息也可能是景氣好，景氣好違約率會降低，使利差縮

小，不只如此，如果所持有的標的因為景氣好而調升債信評等變成投資等級債券，比如從BB變成A-，價格就會大幅調升，高收益債便會因此而受益。

升息對公債或者高評等的公司債影響絕對是負面，但是對高收債的影響就不一定，因為左右高收債價格的因素是利差，升息會使利率提高，但是景氣好違約風險降低又會減少利差，所以因為景氣好而升息的初期，對高收債可能不是利空。

縱使如此，我們仍然建議投資高收債要買規模最大的基金，因為規模太小時，可能遇到金融海嘯之類的衝擊會有流動風險，也就是可能禁止贖回，因為基金公司沒有多餘的現金再給投資人。

投資筆記本

3-7
REITs
現金流投資法

投資房地產不一定要買房子，有一種投資工具不僅可以讓你收租金，房價上漲時還能享受不動產增值的果實，真有那麼好的投資工具嗎？有，它就是不動產投資信託（REITs）。

對 REITs 有相當研究的金國興教授曾經指出，2006 年 10 月到 2016 年 4 月的 9.5 年期間，台灣上市的 5 檔 REITs 打敗了台股加權指數及台灣 50 ETF。

代號	名稱	日期	調整後股價（元/指數）	日期	調整後股價（元/指數）	報酬率（%）
01001T	富邦R1	2006 10/14	7.81	2016 4/8	16.4	109.99
01002T	國泰R1	2006 10/14	7.57	2016 4/8	17.2	127.21
01003T	新光R1	2006 10/14	7.64	2016 4/8	14.2	85.86
01004T	富邦R2	2006 10/14	7.62	2016 4/8	13.21	73.36
01007T	國泰R2	2006 10/14	7.62	2016 4/8	16.2	112.6
0050	台灣50	2006 10/14	39.52	2016 4/8	62.75	58.78
TSE_T	報酬指數	2006 10/14	8,090.34	2016 4/8	13,520.62	67.12
TSE	加權指數	2006 10/14	7,076.85	2016 4/8	8,541.5	20.7

表格標題：2006～2016年5檔REITs與台股績效比較

　　從此表可以看出，國泰R1這段期間的報酬率為127.21%，是績效最好的REITs，而表現最差的富邦R2，報酬率也有73.36%，均打敗同期間的台股加權指數與報酬指數；與同期間的台灣50相比，這5檔REITs的報酬率也都完勝。

　　但是REITs真的有那麼神嗎？其實2016下半年之後REITs便開始走空，以國泰R2為例，由2016年5月最高的16.74元，跌到2017年11月的12.98元，跌幅達22.5%。不過，只要搭

配房價指數就知道，台北市的房價在2015上半年見頂後便開
始下滑，REITs 的股價走勢下滑是可以理解的。

資料來源：CMoney

這段期間，台灣的利率以重貼現率來看，在1.25%到1.875%的低利率水準，顯示利率的高低並未影響REITs的股價。以國泰2號（R2）為例，這段期間的殖利率最低出現在2013年的2.3%，最高出現在2011年的3.9%，平均殖利率為3%，均大幅領先定存利率。以上可以看出，這段時間REITs的股價受到不動產價格的影響高於利率變動。

國泰 2 號（01007T）歷年殖利率變化					
年度	每股盈餘（元）	現金股息（元）	每股淨值（元）	高殖利率（%）	平均殖利率（%）	低殖利率（%）
2011	0.43	0.43	15.36	3.9	3.6	3.4
2012	0.43	0.42	17.09	3.3	2.9	2.6
2013	0.43	0.43	18.2	2.8	2.5	2.3
2014	0.44	0.44	18.94	3.2	2.9	2.6
2015	0.44	0.44	18.21	3	2.8	2.7
2016	0.43	0.43	18.73	3	2.7	2.6
平均	0.43	0.43	17.24	3.3	3	2.8

影響REITs漲跌有2個因素：

1. 每股淨值與評估價格的「股價淨值比」

2. 每股現金股息與評估價格的「現金殖利率」

首先評估房產淨值，以國泰2號為例，其持有物業如下：

●民生商業大樓

（台北市中山區民生東路3段49號及51號）

●世界大樓

（台北市松山區南京東路4段126號及126號之1）

●安和商業大樓

（台北市大安區敦化南路2段319號）

3種評估房產價值的方法與權重					
評估方法	評估價格	權重	收益資本化率	折現率	期末處分收益資本化率
比較法	56.94億元	20%	—	—	—
直接資本化收益法	55.90億元	20%	辦公室3% 店面3.2%	—	—
現金流量折現收益法	44.74億元	60%	—	4.1%	3.6%
評估淨值	49.42億元				

　　用3種評估方法取權重，算出評估淨值。「比較法」是以附近相類似物件的成交單價推估；「直接資本化收益法」是用年收益（租金收入）的個別資本化比率來推估房價總值，假設一年的辦公室租金是100萬元，用3%資本化就是租金乘上33.3倍，物件的價值是3,300萬元。

第3種方法是「現金流量折現收益法」，將未來各年淨收益及期末價值，以適當折現率折現後加總推算標的總值。這3種評估法算出的房產淨值，以比較法的56.94億元最高，而用權重計算後的淨值為49.4億元，顯然相對保守。

以房產淨值除以股數可以求出每股淨值。從P.157表可以看出，國泰2號2016年底的每股淨值為18.73元，而在我撰文當下，2017年12月12日的股價僅13.31元，股價淨值比僅0.71倍，等於打7折，過去6年來的平均股價淨值比為0.84倍，顯示13.31元的股價並不貴。

以現金股息來看，該基金2016年每股盈餘為0.43元，全數配發股息0.43元，以13.31元來計算，殖利率為3.2%。過去6年來平均殖利率為3%，每年最高殖利率平均為3.3%，3.2%的殖利率算是不低。

然而每個現金流的投資者，有其殖利率的基本要求，如果你的要求是平均殖利率3%，那麼目前的股價是合理的；如果你的要求是3.5%～4%，那麼目前股價偏高。

2017年12月股價跌到五線譜減1個標準差的位置，且回到樂活通道下沿內的12.97元，是不錯的買進價格。

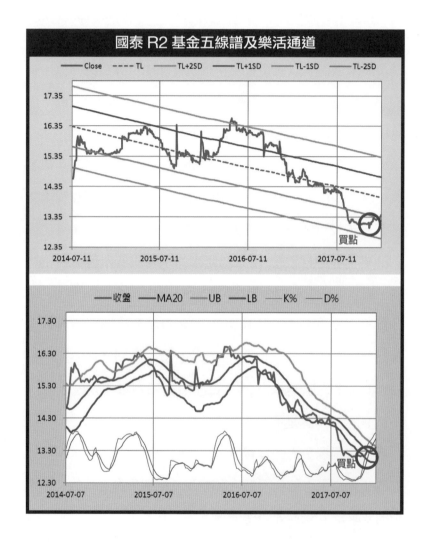

　　另外再舉一檔發行已久、每年均配發穩定現金股息的美國經典 REITs： Realty Income Corporation（O.US）。以2018年1月8日的價格55.28美元計算，估計殖利率為4.6%，然而相較我國 REITs 僅扣10% 的所得稅且分離課稅，購買美國 REITs 會被扣30% 的所得稅，所以稅後殖利率僅3.2%。

Realty Income Corporation 2018年1月8日盤勢						單位：美元	
開盤	最高	最低	收盤	成交量	估計配息	稅前殖利率（%）	稅後殖利率（%）
55.25	55.39	55.02	55.28	1,090,300	2.539	4.6%	3.2%

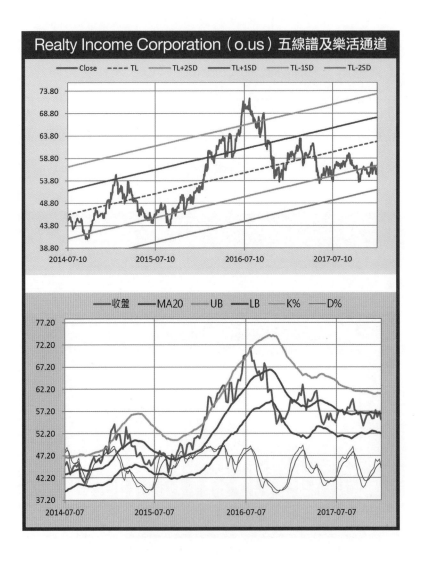

　　若從五線譜及樂活通道來判斷，2018年1月股價跌到五線譜減1個標準差下方，但是樂活通道並未跌到下沿，不是絕對的好買點，但要不要投資，就看3.2%的稅後殖利率，是否符合你的投資標準。

利率高低影響REITs價格

　　至於利率高低是否會影響 REITs 的價格，答案當然是肯定的。當10年期公債殖利率達6%以上，很多人寧願持有公債，不願持有 REITs；而當10年期公債殖利率跌到2%以下，

則多數人寧願賣出公債，持有 REITs。所以長期來看，升息會影響 REITs 的股價，如果通膨或其他因素導致不動產價格上漲，那麼每股淨值就會成為推升 REITs 股價的決定因素。

投資REITs輕鬆當全世界的房東

關於REITs，教授（薛兆亨）曾和野人（Allan Lin）進行3次討論，激發出不少投資觀點。重點摘要如下：

❶從不動產的價值來看，股價淨值比很重要。

❷利率上漲會影響REITs的價格，但房價上漲，也會拉高REITs的價格。

❸以殖利率為評價標準，用五線譜當進出依據。

以下收錄3篇對談，希望對讀者有所幫助。

對談❶ 小資族也能透過REITs投資房地產

教授 聽說你當包租公了，哪一天請我去你新買的房子喝杯咖啡吧！

野人 不是啦！其實是我買了REITs，也就是「不動產投資信託基金」，每年都可以收租金喔！

教授 那房子在哪裡！怎麼收租金？

野人 想買房做包租公，一間房子要好幾千萬元，而且還得應付房客、按時去收租等，這些事情夠你煩的了。

教授 REITs是自動收款機嗎？不用自己向房客收租嗎？

野人 REITs就像投資一家公司的股票，它會按時公告財報，也會定期將股息匯到你的戶頭，不用向房客收錢。

教授 REITs比較適合有錢人投資嗎？

野人 REITs適合有錢人，也適合小資族，有錢人是因為買了很多房子，沒辦法管理，或覺得管理這些瑣事很麻煩，交給經理人處理。至於沒有那麼多錢買房來收租的小資族，由於REITs已將一間價值幾億、幾千萬元的房子分為幾十萬個小磚塊來賣，只要有幾萬元就可以買一個磚塊（一單位的REITs）去收租，使得小資族也能輕鬆參與投資。

教授 不動產可以抗通膨，房價漲到很高的時候可以賣掉，那如果房價漲很高，REITs也會漲到很高，讓你想賣掉嗎？

野人 可以說是，也可以說不是，因為不動產上漲時，REITs的淨值也會跟著上漲，若依照淨值賣掉，當然可以享受房屋增值的好處。

教授 那為什麼也可以說不是呢？

野人 因為有些REITs的價格只有淨值的50%，你想要賣掉，就必須打對折，可能無法享受不動產增值的好處，看一下香港2012年各檔REITs的股價淨值比就知道了。

香港 2012 年 8 檔 REITs 股價淨值比	
基金名稱	股價淨值比（倍）
領匯房產基金	1.1132
匯賢產業信託	0.7461
越秀房產信託基金	0.7051
泓富產業信託	0.5626
富豪產業信託	0.5466
置富產業信託	0.5309
陽光房地產基金	0.4470
冠君產業信託	0.4284

教授 哇！差那麼多喔！那不動產漲價時，我的錢不就被A走了嗎？

野人 也不會啦！REITs因為在公開市場交易，跟封閉型基金一樣，有溢價（股價大於淨值）和折價（股價小於淨值）的問題，當市場情緒高昂，REITs的股價會大於淨值；反之，當市場情緒低落，股價便會小於淨值，所以中間的價差會比實際的房屋買賣更大。我以新加坡FTSE SG REITs的股價及股價淨值比為例。

野人 你看,其實淨值很穩定,但是當市場悲觀時,像2008年股價大幅下滑,股價淨值比來到0.4倍,也就是房子的價格打4折在賣;2012年市場樂觀的時候,股價上漲,股價淨值比來到1.2倍,1,000萬元的房子可以賣到1,200萬元。所以在市場悲觀時出售房產會變成「法拍屋」,樂觀的時候出售,人們會捧著1.2倍的錢來排隊。

對談 2 REITs可以創造穩定現金流嗎？

教授 你說買REITs可以當包租公，那麼它能夠創造穩定的現金流嗎？

野人 一般金融商品在開始發行時都有公開說明書，對於可能會配多少股息都有事先估計，若基本的假設都對，就會如預期的金額發放股息。

教授 那假如預期不對，該怎麼辦？

野人 通常規模比較大的REITs，比如香港的領匯基金比較不會倒，你也可以買5到7家的REITs以分散風險。

教授 是不是發放現金股息越穩定越好？

野人 現金流穩定當然好，但還是要看當初買進的殖利率是否合理？

教授 殖利率我知道，就是收到的股息除以目前的股價，有一點像銀行的利率。那你說要多少才合理？

野人 某個REITs的殖利率是6%，另外一個REITs的殖利率4%，你說哪個比較好？

教授 當然是6%比較好囉，還有其他的看法嗎？

野人 其實不一定。在新加坡，REITs殖利率6%可能不怎麼樣，因為過去的殖利率都在7%以上；但在香港，殖利率6%就很不錯了；在台灣，4%的殖利率是合理水準，這是因為每個地方的利息占不動產價格的比率不一樣。

教授 我知道了，從下面這2張圖可以看出新加坡6%是相對低的殖利率水準，香港的相對低點則是5%。

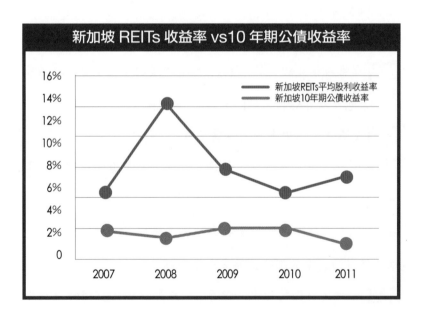

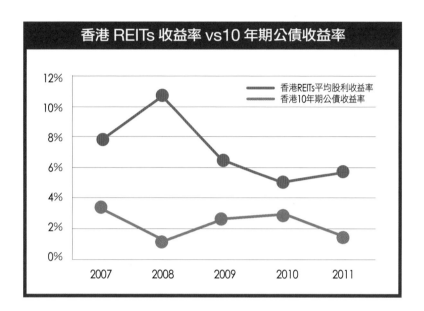

野人 匯率波動也是考慮的因素，香港因為匯率與美元掛勾，匯率風險會比新加坡小。

教授 就好像定期存款利率，我們在乎現金流，也要看它的殖利率，殖利率越高越好，但是不同國家不能互相比較，因為每個國家的不動產及租金水準不一樣。

野人 如果台灣REITs的殖利率為2.8%，你覺得可以買嗎？新加坡的殖利率是8%，你覺得可以買嗎？

教授 當然台灣要3.5%～4%以上的殖利率才優，新加坡的殖利

率如果到8%，就算相當不錯。

野人 但是要看該REITs的規模大小及物業的安全性，所以個別REITs的歷史殖利率也是分析的重點，通常越不穩定、有點風險的標的殖利率都比較高。

教授 另外我還想釐清，利率調升或是調降，對於REITs的影響如何？

野人 當然利率調升，REITs應該會下跌。

教授 為什麼？

野人 如果台灣的REITs殖利率是3%，利率也調到3%，那大家都去定存或買公債了，誰要投資REITs？

教授 我舉個例子，央行的重貼現率由2005年開始上調到2008年的3.6%，但是REITs的淨值卻沒有下跌而一直往上，這是為什麼？

野人 你不要模糊焦點，是影響股價，不是影響淨值。

教授 可是從升息的2005年到2007年，股價也都是大漲，沒有往下。

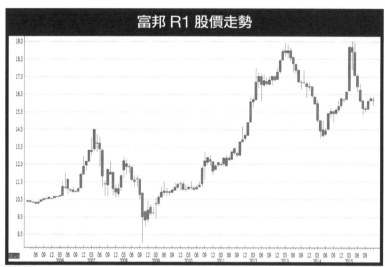

富邦 R1 股價走勢

資料來源：CMoney

野人 有想到原因了嗎？

教授 我知道了！因為那時不動產上漲，淨值自然跟著往上；加上景氣好時不動產可能也很好，股價反而超過淨值。這就是REITs之所以和升息無關的原因，大家預期房價、租金上漲，反而接受了股價淨值比大於1的催眠行情。

野人 利率高，照理說會使REITs價格下滑，但如果不動產也同時上漲，會有另外一股力量牽引REITs的價格，所以利率變動和REITs的價格通常不是亦步亦趨，但是長期而言，利率太

高會使房屋建造及消費者的購屋成本上揚，導致房價下跌，

REITs價格也跟著下滑。

對談3 殖利率＋五線譜找好買點

教授 我認為買REITs比買股票賺得多！

野人 怎麼講？

教授 若拿美國REITs和美國股票市場比較，2000年到2015年

間，MSCI美國REIT指數由80漲到600，股票則由80漲到200，

REITs完勝股票。

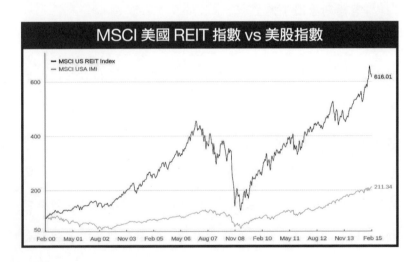

野人 但是未來呢？會不會物極必反？

教授 也對啦！目前美國REITs的本益比達52.87倍，股價淨值比達2.49倍，似乎過高，那要怎麼操作呢？

野人 就用二刀流安心操盤法。

教授 二刀流？

野人 就是先用殖利率評估目前的現金流，看你是否滿意，因為一旦套牢，7%的殖利率表示14年就會回本，你就慢慢套，反正物業仍然存在，你也還擁有其中的一塊磚，但是如果殖利率是2.5%，那就要40年才能回本，現金流似乎不夠用。

教授 我知道了，就是要等香港REITs的殖利率大於5.5%～6%，新加坡的殖利率大於6.5%～7%，台灣的殖利率大於3.5%～4%，才是開始觀察的時候。再看股價淨值比是否小於1，若能回到淨值，就可以賺價差，對不對？

野人 我覺得不用看股價淨值比，看殖利率（一刀流）與五線譜（二刀流）就可以了。我舉個例子，富邦1號在2014年4月底跌到14元，也就是五線譜的趨勢線減1個標準差和2個標準差的相對低點，當年度配0.58元，換算殖利率達4.14%，是不錯的買進時機。

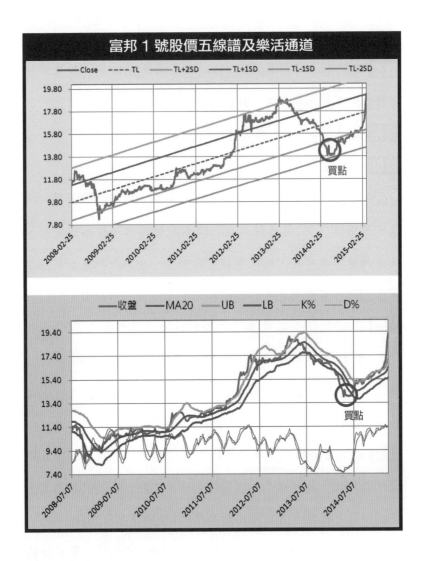

富邦 1 號股價五線譜及樂活通道

教授 那我也來舉個例子，香港REITs中規模最大的領匯基金，

2014年1月底時在34元附近，也是跌到五線譜低點的好買點。

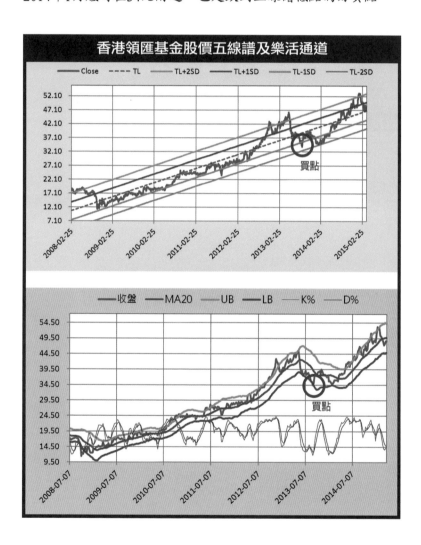

野人 如果股價上不去怎麼辦？

教授 基本上是買在五線譜的相對低點，如果套牢，也還有一塊會生息的磚，10年也好、20年也好，一定會回本。二刀流的真言是：平時領股息，漲時賺價差，穩賺不賠。

野人 教授你有一點阿Q喔！

教授 投資簡單、快樂就好！

投資筆記本

五線譜現金流存股法

投資不一定要快速獲利，在股市中「慢活」也能賺到錢。只要挑選殖利率5%～7%的標的搭配五線譜判斷進場時機並分散投資，就能每年藉由領股息為自己加薪。

4-1

達到財務自由 2種方式

達到財務自由的方式有 2 種，第 1 種是存股，也就是投資現金流的標的，如果 1 個月的必要支出是 3 萬元，投資現金殖利率 5% 的標的，必須有 60 萬元的本金，才能產生 3 萬元的股息（＝ 3 萬元 ÷ 5%），換句話説，要有 12 筆 60 萬元的投資，才能產生 12 筆 3 萬元的股息，以滿足 1 年 12 個月的基本開銷。

方式1 存現金流概念股

要存滿 12 筆 60 萬元的投資，需要很長一段時間，但是只要堅持不懈，每年的股息就會持續增加，最後一定能達到財務自由。其間如果可以分散成 12 檔股票，雖然每檔標的發放的股息可能會降低，使你的步伐進二退一，但每年投資生息的方向是對的，更何況還可能會買到飆股或股息持續成長的標的，就算會進二退一或進三退一，只要方向對，一定能達成目標。

若把達成目標比喻為爬山，選擇這條道路相對好走，但是好走表示路面比較平坦，要爬到山頂必須花費較長的時間（約 15 ～ 20 年）。但是沒關係，隨著你的工作收入增加，投入的本金越來越多，達到財務自由的時間也會跟著縮短。

方式2 深入研究、積極換股

第 2 種達到財務自由的方式是投資達人「二兩」的方式：深入研究股票，積極換股，以保持投資組合的最優品質。

這種投資方式會耗費很多時間，每天都須盯著螢幕看盤，

財報公布後得花時間研究，還必須時時關注法説會或相關新聞。只要讓自己的投資組合保持在最佳狀態，每日淨值就會持續增加。

二兩的資產淨值在 17 年間成長了 76 倍，若以此為基準，假設你的本金是 100 萬元，達到財務自由需要 1,000 萬元，到第 6 年，就可以賺 952 萬元，加上本金 100 萬元，已達到初步財務自由的目標。

相對於存股要 15 ～ 20 年、甚至更久，才能財務自由，這種積極進出的投資方式，同樣以爬山來比喻，沿途路面比較崎嶇難行，但很快就可以抵達山頂。然而由於必須花費較大的力量，而且一不小心就會摔落山谷，成功的人並不多。Part 5 會詳細介紹二兩的投資方式。

有關達到財務自由的方式，教授（薛兆亨）
與野人（Allan Lin）有以下精彩的討論。

教授 我的好朋友「兩座山」在我的部落格發文：「最近看歷
史劇，有句話令人印象深刻：文官為官者要三思：思危、思
退、思變；武官者要善背水一戰。投資也是，思危險、思退
路、思市場變化下的契機與轉機，三思即為換股思考、背水一
戰、置之死地而後生。投資像孫子所言之『死生之地』，軟弱
怯戰是投資的敵人，滿持股狀態，可說是處於背水一戰，自然
為求生而努力不息，對投資組合時時思攻守做變陣。」

他真是一名戰士啊！資金是他在股市征戰的武器，換股操作
是他的作戰策略，難得在空頭時也能夠藉由換股策略在滿持股
狀態下全身而退。

野人 不是每個人都可以成為戰士，其實在股市或投資市場
「慢活」也能夠賺到錢。投資方法屬積極型的成長股投資達人
「二兩」，投資13年賺了46倍（編按：截至2017年底，投資17
年賺76倍），但是要追求財務自由，不見得要繃緊神經注意敵
軍的來襲，並且背水一戰，置之死地而後生。

教授 那你的投資策略是什麼？如何慢活呢？

野人 我建議的投資策略是「現金流投資法」，也就是找到好的標的領股息，為自己加薪。就好像農夫種稻慢慢收成，也許一開始收穫不多，但日積月累也能收成滿載。

你可以挑選殖利率5%～7%的投資標的，再分散投資以降低風險，就能每年藉由領股息為自己加薪。先從加薪1個月開始、再來2個月、3個月，到每年都為自己加薪6個月時，可能已經達到財務自由，若能每年都為自己加薪12個月，就可以完全為興趣而工作，這就是所謂的投資慢活。

教授 真的有這種方法？可是投入100萬元才能為自己加薪5萬到7萬元，那到什麼時候才能財務自由呢？

野人 不要想著財務自由，就一步步地投資，平常除了要提升工作競爭力，也要學習理財知識，你的薪水會隨著時間越來越高，有更多錢可以投資理財，而隨著財富累積，你就更不怕被老闆解雇。

你覺得這年頭月薪3萬元的年輕人，要老闆每個月為自己加薪5,000元，容不容易？

教授 老闆很摳，哪有可能為你加那麼多薪水，除非你天賦異稟，不可或缺。

野人 所以，只要找到能創造穩定現金流的投資標的，就能慢慢為自己加薪。

雙引擎運作＋分散投資
實現財務自由不難

教授 現金流投資標的是什麼？

野人 就是有配穩定股利的股票，或是每個月領利息及收租金的高收債與REITs。

教授 每年可以穩定配股的股票不容易找，像陞泰（8072）在2009到2013年每年都配6元到7元，2014年甚至配20元，結果獲利能力一直下滑，每股獲利由平均7.6元掉到2.85元（編按：2016年為0.3元），股息也只剩1.43元（編按：2017年為0.5元），股價由100元跌到30元以下，你要叫我存股，我還怕本金減少！

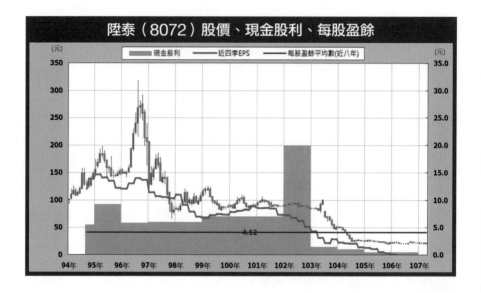

陞泰（8072）股價、現金股利、每股盈餘

野人 凡事起頭難！香港有位投資部落客止凡，他曾經說：「（投資人要獲得）第一份額外的月薪，可能要花3年到7年，但之後會越來越快，因為你的收入開始包含了主動及被動兩個部分，而且你也一直在學習理財知識，漸漸地這不再是一條單行道，你的資產一旦被啟動，現金便會源源不絕地自動流進來。」

一開始可能要經過一段時間摸索，但是當主動及被動所得兩個引擎全開了以後，漸漸就會看到成果。不像台灣有些人只會講財務自由、被動所得，還有人動不動就放棄工作選擇做專職投資人。放棄主動所得會讓你沒有保障，因為不是每個人都可以火力全開，成為在股市戰

場上廝殺的戰士，唯有主動及被動所得兼具，才能夠順利通往財務自由之路。

教授 我也看過止凡的部落格，他曾說：「單看這支股票（中國建設銀行），讓我每年多享受一個月的糧（薪水），而這多出的糧會加快財務計畫的步伐，讓我儲蓄更多，有更多投資的彈藥。很快地又會有另一支『悶股』（很少成為市場焦點，卻默默耕耘，股價不知不覺向上爬升的個股）替我提供另一個月的糧，慢慢地，我的收入就從12個月的糧增加至13個月、14個月、15個月，一直持續累積下去，實現財務自由就是這麼簡單。」

教授 那分散投資會不會比較安全，提高存活率？

野人 會的。假設你有5個標的，每個標的比重只有20%，如果其中一個標的踩到地雷賠了50%，你的總資產只賠10%，還可以用其他4檔賺回來，而且在雙引擎運作下，淨值很快就能回復。

如果你只單押一檔，賠了50%，未來要賺100%，才會回復你原有的財產，那相當困難。而假設你有10個標的，每檔只占10%，那麼當某一檔跌了50%，你的總資產只損失5%，幾乎沒怎麼受傷。但是投資標的也不要超過10檔，你會照顧不來。如果把所有的時間都拿去照顧投資標的，就失去慢活投資的意義了。

尋找現金流概念股
殖利率大於5%、穩定配息

教授 什麼才是現金流概念的投資標的？能有固定現金流入的標的就算是嗎？

野人 當然要看殖利率囉，殖利率要在5%～7%、甚至更高，才稱得上是現金流概念股。如果以平均6%來看，依照72法則，12年（＝72÷6）後你的資產就可以增加1倍，如果是7%，10年就能增加1倍，這才是最穩的投資方式。

10年增加1倍，20年後是原資產的3倍。如果你有200萬元，20年後就有600萬元，加上每月拿出1萬5千元薪水投入，剛開始一年投資18萬元，每年再增加4萬元，到第5年就可以投資34萬元，以此類推，20年後要擁有1千萬元的資產也不為過。

這1千萬元再投入5%～7%殖利率的標的，平均每年可以創造60萬元的現金流，也就是每個月有5萬元的被動收入，加上你的退休金，應該可以過中上品質的退休生活。

教授 那要怎麼投資呢？

野人 就是找一些你比較懂的股票，在殖利率5%～7%的時候買進，例如每年配2.1元的股息，就是在股價30～42元間買進。

教授 會不會很難找？

野人 不會！你就鎖定營運成長穩定，每年股息大於1元，殖利率在5%以上的公司。

教授 進場的時機是不是可以參考五線譜呢？

野人 雖然挑選出來的公司殖利率已經超過5%，但如果可以在五線譜的悲觀區買進也不錯。我就曾經用五線譜買過中華電（2412）。

教授 中華電不就是止凡講的「悶股」嗎？

野人 沒錯！中華電是標準的悶股，大家都預測它的成長性不高，認為沒有價差可以賺。但就技術面來看，它是標準的箱型整理股（經過一段時間上漲或下跌，股價進入盤整，波動於上下區間內），最適合用五線譜投資，非常好操作，平常領股息、有空賺價差。買股票不必買到飆股，只要買像這樣的悶股，照樣能夠穩穩賺。

　　要達成財務自由有快速的方法，也有慢速的方法。快速的方法就是積極操作，比如二兩在13年內賺了46倍的財產。另外一種方法是努力工作，慢慢投資現金流標的，就1個月的糧、2個月的糧一直存，存到12個月的糧大概就財務自由了。

　　以1個月的糧是5萬元為例，投資在平均殖利率6%的標的要獲利5萬元，本金約需83萬元（＝5萬元÷6%），存到1,000萬元（83萬元×12個

月）就可以財務自由了。如果1個月的糧是10萬元，那麼要達到財務自由，就必須存2,000萬元（10萬元÷6%×12個月）。

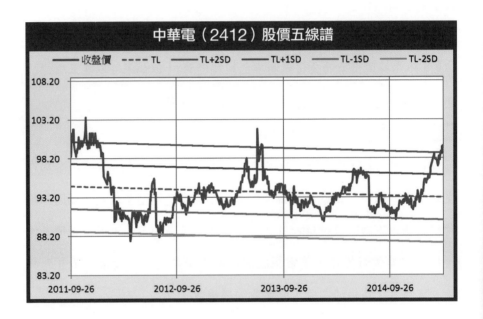

被動＋主動所得輕鬆存退休金

被動
所得

將 200 萬元儲蓄投入多筆殖利率 7% 標的，以 72 法則計算，20 年後資產增至 600 萬元。

主動
所得

每月拿出 1 萬 5 千元薪資加入投資，1 年可多投資 18 萬元。隨著薪資增長，第 2 年起每年再增加 4 萬元。

20 年後總資產達到 1,000 萬元。

將這 1,000 萬元投入 5% ～ 7% 殖利率標的，平均每年可創造 60 萬元的現金流。

現金流概念股 3類型

股神巴菲特曾說，一家公司如果擁有長期競爭優勢，盈餘也穩定成長，那麼投資這家公司的股票，就好像投資債券一樣。換句話說，如果公司可以提供穩定的現金流，或者持續成長的現金流，只要你有把握，或者你投資當下這麼認為，對你而言，就可以做為存股的「現金流概念股」。

一般而言，公司分配的股息可以分為以下 3 個類型。

類型1：股息持續成長 買到賺到

如果很容易預測該公司盈餘，且股息每年持續成長，巴菲特稱這類公司為「擴張型債券式股票」。這種兼具成長與現金流的股票，如果可以買到，是最幸福的事，也就是：買到好公司，然後享受公司的經營成果，與公司一起成長。

當然，大部分好公司也會停止成長，不可能一直往上，否則獲利就漲上天了。當公司停止成長時，到底要如何處理？我們之後再來討論。

這類型的好公司，當你發現時，本益比已經很高，要用便宜價買進的機會不大，投資人只能找出這類型的股票，然後等它崩盤、股價下滑，殖利率回升到合理位置時再買進。

投資人買進這類型股票，有3種情況：

情況1 買在低檔

一開始就發現這類型股票，在低檔買進，然後長期持有，這是最幸福的狀況，不過，這種投資人遇到的最大問題是，如果遇到營收或盈餘不好時，到底該不該信任公司，持續持有股票？就如同飛機經過亂流，還是會照著方向飛到目的地，這就是所謂信任後的煎熬。

情況 2 用合理價買進

用合理價格買進，然而「合理價格」卻不見得是「便宜價格」，可能在本益比將近 20 倍的價格買進，因為這類型公司一旦被大眾認同，穩健型投資人會努力搶進，把股價推升到買進嫌貴、不買又怕無法享受好公司獲利的位置。如果你的買進價格已經包括未來 20 年的盈餘，其實風險相對高。

情況 3 考量殖利率

堅持用合理的殖利率或本益比買進，當然這個機會不是很大，可能要等一次大崩盤才會遇到，等待就是最大的煎熬與風險。

類型 2：股息穩定 現金流有保障

這類型的公司每年配發穩定股息，但是股息不會大幅成長，賺取穩定股息收入是投資主要目的。由於股票沒有「到期日」，這類型股票就是典型的「債券型股票」。基本上，只要殖利率在合理水位，就可以買進。

中華電（2412）每年股息穩定在 5 元左右，股價維持在 90 ～ 110 元，就是屬於這類型的股票。不過，投資這類股

票，同樣要擔心萬一股息衰退或不穩定，會造成現金流的減少或波動，影響日常現金支出需求。此外，買高價股要投入更多本金，才能取得預期中的現金流，等於用更高的本金買到更少的保障。

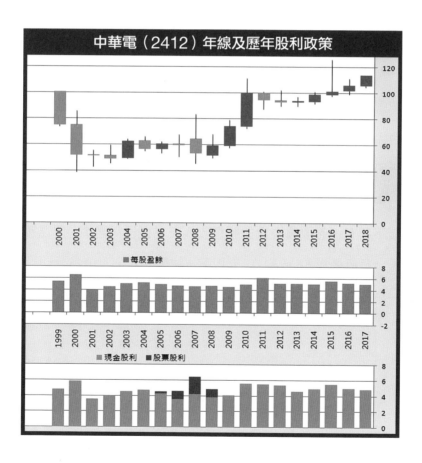

類型 3：股息波動 不適合長期存股

　　每年配發的股息波動而不穩定，基本上就是景氣循環股，不能創造每年穩定的現金流，增加日常現金流動的風險。假如你每年必須支出 50 萬元，用此類的投資，如果去年產生 50 萬元股息，但今年只有發出 20 萬元股息，差了 30 萬元的現金缺口，該如何補足呢？

　　為了避免這樣不確定性的現金流，必須持有更多檔股票，或者投入更多本金，才能確保最低股息收入能產生足夠的現金流，支應日常必要支出，這種公司通常不是好的現金流概念股。

　　中鋼（2002）就是一例，其現金股息從 4 元以上到 1 元以下都有，想要靠中鋼的股息收入來支付日常開銷，風險很大，且股價從 55 元到 25 元以下，波動劇烈。

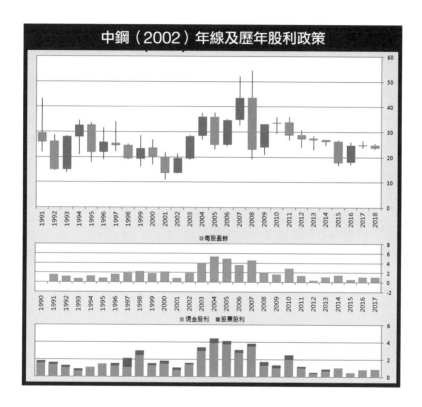

4-3

6要素找出 現金流概念股

現金流概念股必須有穩定或持續成長的股息,因此,要避免公司是以舉債或籌資的方式來發放股息,也要避免公司增資或發行可轉債,而稀釋未來的股息。如果發放的股息高過每股盈餘,也是吃老本的行為。

此外,當年度及未來前景的穩定性,應該要審慎評估,其實每年第 3 季財報公布後,就是評估未來 1 年股息發放金額的好時機。

利用以下 6 要素，可評估個股是否符合現金流概念股。

要素 1 股息穩定成長

現金股息穩定，最好連續 6～7 年都有發股息，而且股息穩定成長或沒有大幅衰退，可以用今年的現金股息除以去年的現金股息，比率大於 100% 表示股息成長，或者用大於 90% 為標準，這表示只有衰退 10%，還算是穩定的股息。

有些投資人是以借款的方式，賺取股息收入與利息支出的差額，所以穩定或成長的現金股息很重要。

要素 2 每股盈餘大於股息

當年度每股盈餘必須大於配發的現金股息，也就是股息發放比率要小於 100%，如果有一家公司今年只賺 2 元，卻發 3 元現金股息，有可能是將過去的盈餘集中在今年發放，長期而言，這家公司的股利政策，沒辦法維持現金股息高於每股盈餘。

要素 3 營收沒有衰退

如何預測未來的現金股息能維持成長或不衰退？這個部分就必須對財務報表有所了解，至少公司的營收不能比去年衰退，獲利能力也不能比去年差。也就是說，公司的前景必須

維持和去年一致，或穩定成長。

要素 4 高現金殖利率

現金殖利率要滿足你的存股要求，才能創造你需要的現金流量，一般而言，6% 是市場普遍接受的存股概念股基本門檻。除非是成長型的股票，否則現金殖利率低於 6%，表示你必須支出更多本金，才能取得期望的現金流，意思就是可能買貴了。

要素 5 避免增資稀釋盈餘

不能有稀釋盈餘的財務行為，例如發放可轉換公債或現金增資，如有這些籌資行為，就必須注意，公司未來的獲利與配息是否因此而稀釋，導致未來的現金股息降低。

當然，如果公司的股東權益報酬率，並未因為資本的增加而降低時，仍可接受增資或發行可轉債，因為股東權益報酬率不因增資或可轉債的轉換，降低公司的經營績效。

要素 6 現金流量為正

最好是自由現金流量為正的公司，很多公司自己產生現金流量的能力不足，往往用現金增資或向銀行借款的方式取得現金，用來發放現金股息，長期而言會造成盈餘稀釋或財務

結構變差,這些公司不是長期現金股息殖利率投資者追求的

標的。

Tips

尋找現金流概念股 不碰這6種公司

① 發放股息較前一年衰退逾10%
② 股息高過每股盈餘
③ 營收與獲利能力較前一年差
④ 現金殖利率低於 6%
⑤ 現金增資或發行可轉債
⑥ 以舉債或籌資的方式發放股息

前面提到，投資現金流概念股要特別小心盈餘和股息的衰退，更必須小心求證過去有無填息或貼息，以免賺到股息、賠了本金。

本章以 8 檔股票為例，教大家如何從前面提及的 6 要素，判斷個股是否適合當作現金流概念股。

案例1 茂訊：從營收看出衰退警訊

如果你在 2011 年買茂訊（3213），當年發放 4 元現金股息，而且還配發 1.5 元股票股利，看起來是相當不錯的現金流概念股。然而股票除權除息之後，並沒有填權填息，所以你可能賺到股息，卻賠了價差。

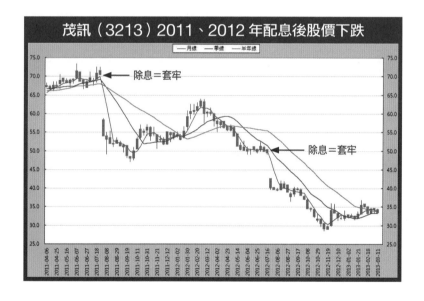

以 2012 年 7 月 21 日除權息前的股價計算，茂訊現金殖利率大於 8%，到底可不可以買來存股呢？這個時候就要看未來 1 年的營收盈餘狀況，以避免再次貼權貼息。

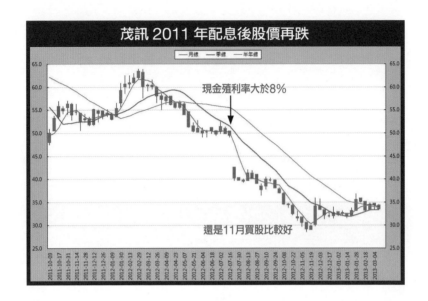

每年 11 月 15 日公布的第 3 季財務報表，是不錯的判斷基礎，通常前 3 季的獲利資訊已經取得，可以合理估計當年度的每股盈餘，以及未來可能發放的股息。

我們發現，2012 年前 3 季公布的近 4 季盈餘持續下滑，未來 1 年的股息很明顯無法恢復過去 3 年的水準，只會越來越低。

進一步來看，也可以根據營收情形，在 7 月除權息前決定要不要買進，觀察當年度到 6 月底前的營收狀況，若累計營

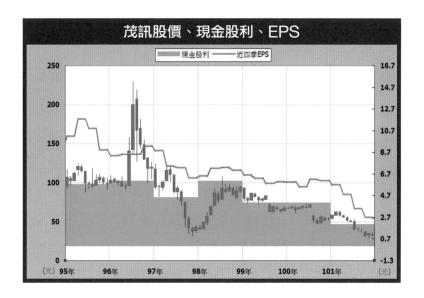

收年增率持續下滑，除非你很了解這家公司，否則不建議參加除權息。

　持續追蹤茂訊的營收狀況，2012 年全年度累計營收年增率呈現 2 位數衰退，果然如預期，隔年 3 月公布前一年度的股息分配，由於每股盈餘大幅下滑至 2.66 元，當年度僅配發 2 元現金股息，雖然以前一天收盤價計算殖利率達 5.76%，但這是不穩定的盈餘分配，已不符合現金流概念股的定義了。

茂訊 2012 年上半年營收呈現衰退						單位：千元	
2011年			2012年				
月份	營收	年增率	月份	營收	年增率	累計營收	年增率
1	196,614	29.1%	1	175,426	-10.8%	175,426	-10.8%
2	145,167	-4.8%	2	120,380	-17.1%	295,806	-13.5%
3	159,241	9.3%	3	140,751	-11.6%	436,557	-12.9%
4	197,061	2.7%	4	136,873	-30.5%	573,430	-17.9%
5	158,270	-1.9%	5	131,477	-16.9%	704,907	-17.9%
6	205,802	29.9%	6	155,038	-24.7%	859,945	-19.0%
7	228,429	30.9%	7	167,120	-26.8%	1,027,065	-20.4%
8	216,445	-15.6%	8	225,696	4.3%	1,252,761	-16.9%
9	266,810	7.1%	9	216,316	-18.9%	1,469,077	-17.2%
10	193,983	7.0%	10	147,908	-23.8%	1,616,985	-17.8%
11	167,943	-1.0%	11	126,137	-24.9%	1,743,122	-18.4%
12	187,763	-1.6%	12	131,996	-29.7%	1,875,118	-19.3%

營收衰退，忍住別買。

案例 2 **陞泰：股息暴增的陷阱**

陞泰（8072）這檔股票告訴我們，如果發放的股息遠超過每股盈餘，就顯示該公司是在退回過去的盈餘，嚴格來說跟減資差不多。

陞泰是安全監控股，2009 ～ 2013 年間每股盈餘穩定，現金股息也呈現穩定或成長，在 2014 年公布前一年度的現金股息時，大家其實都不看好這家公司，因為每股盈餘僅 5.12 元，比前一年度的 7.64 元大幅衰退。但是，該公司卻宣布發放高達 20 元的現金股息，在 2014 年 5 月 9 日時股價突然大跌 3%，收盤為 76.6 元，以 20 元的現金股息計算，殖利率高達 26%。

網友問我可不可以買，老實說，我不知道。但是我知道，26% 的算法有問題。現金股息殖利率的算法，一定要排除一次性收入，例如出售土地。當年度的陞泰就是這樣，因為它沒辦法每年都配給你 20 元股息。

在我看來，對於陞泰要小心，因為它的營收一直下降，除非公司轉型、獲利成長，否則可能賺到配息，卻賠掉價差（2016 年每股盈餘跌至 0.31 元）。

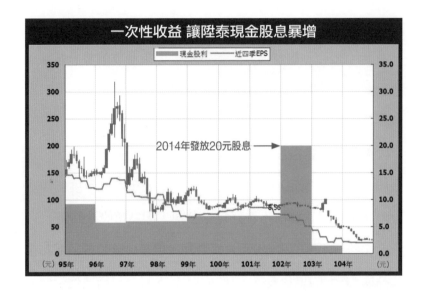

依照我的正常算法，2014 年陞泰第 1 季每股盈餘為 0.87
元，概估全年度每股盈餘為 3.48 元（0.87 元 ×4）。用股息
分配率 100% 概估，亦即配發 3.48 元股息，如果你要求的股
息殖利率為 6.5%，合理的股價應為 53.53 元。當然這只是概
估，等到第 3 季的每股盈餘公布後會更準確。

有趣的是，宣布配息的隔日，陞泰股價開始連拉 3 日漲
停，到 7 月底除息前，股價漲到 100 元，但除息後開始出現
長期空頭走勢，股價跌到 50 元以下，跟我當初估計的股價相
去不遠，這真的是買也對，不買也對。

　　依照基本資料，是不應該買進，以現金流概念股的投資哲學，也不該買進，因為無法帶來長期穩定或成長的股息。然而從消息面來看，可能有人想要藉著 20 元現金股息的消息，拉抬或解套先前擁有的籌碼，所以股價先拉升一波，看消息面買賣的人，要記得停損。

　　畢竟第 1 天的跳空缺口，表示多頭強勁的力量，當時做空是逆勢而為，以跳空缺口理論，只要把停利價或停損價放在起漲點的 80 元，就可以坐收跳空缺口的強勁多頭獲利。所以我說買也對，不買也對，然而如果你是現金流概念股投資人，則不應該買進。

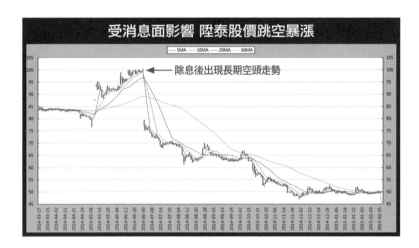

案例3 燦坤：股息腰斬、股價下跌

燦坤（2403）是另一個例子，在 2011 年以前，盈餘與股息都穩定成長，大家皆以為它是穩定成長的現金流概念股，然而到了 2011 年第 1 季盈餘觸頂後，之後 4 季的每股盈餘開始下滑。

雖然燦坤 2012 年前 3 季的營收還沒有衰退，處於穩定的水準，然而還是必須確認盈餘的獲利狀況。

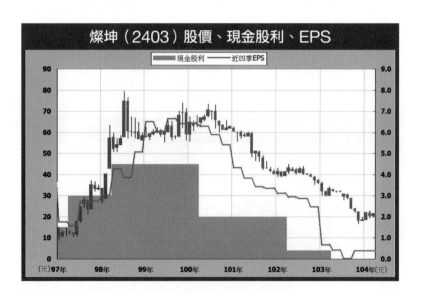

燦坤 2012 年每月營收維持成長						單位：千元	
2011年			2012年				
月份	營收	年增率	月份	營收	年增率	累計營收	年增率
1	3,123,561	16.6%	1	3,281,929	5.1%	3,281,929	5.1%
2	2,200,167	-9.8%	2	2,022,522	-8.1%	5,304,451	-0.4%
3	1,834,545	-6.8%	3	2,122,862	15.7%	7,427,313	3.8%
4	2,394,097	-8.0%	4	2,603,935	8.8%	10,031,248	5.0%
5	2,091,784	8.1%	5	2,131,620	1.9%	12,162,868	4.5%
6	2,214,327	14.2%	6	2,233,857	0.9%	14,396,725	3.9%
7	3,358,725	11.7%	7	3,292,011	-2.0%	17,688,736	2.7%
8	2,476,103	8.3%	8	2,388,565	-3.5%	20,077,301	2.0%
9	2,211,652	0.1%	9	2,162,484	-2.2%	22,239,785	1.5%
10	2,007,828	5.5%	10	1,747,509	-13.0%	23,987,294	0.3%
11	2,978,905	18.5%	11	2,290,886	-23.1%	26,278,180	-2.3%
12	2,416,336	1.5%	12	2,433,243	0.7%	28,711,423	-2.0%

看營收好像沒問題

在 2012 年 11 月公布的前 3 季稅後盈餘，年增率開始負成長，近 4 季每股盈餘為 5.71 元，比 2011 年同期的 6.42 元大幅衰退。2012 年 11 月公布的前 3 季每股盈餘分別為 1.71 元、0.78 元、1.04 元，合計僅 3.53 元，預期 2012 年發放的股息，應該無法達到前一年 4.5 元現金股息的水準。現金流概念股投資者在 2012 年 11 月盈餘公布時，就不應該期望當年度的現金股息仍可維持過去的水準。

　　2013 年 3 月我在部落格寫道：「去年燦坤第 3 季公告盈餘，前 3 季的盈餘都下降，你不能一廂情願地認為，會有以往那麼好的股利。當時還有高點，可以出脫，若等到今年公告股利時，股價就直接跌停了。建議第 3 季季報公布之後，在每年的 11 月依前 3 季公司的成績買賣股票。」

　　2013 年 3 月 11 日，報紙寫道：「電子通路配息腰斬剩 2

燦坤每季稅後盈餘變化					單位：千元
2011年			2012年		
季	稅後盈餘	年增率	季	稅後盈餘	年增率	達成率
1	309,179	7.03%	1	286,326	-7.39%	－
2	199,614	51.63%	2	130,457	-34.65%	－
3	252,668	0.67%	3	175,057	-30.72%	－
4	314,921	5.81%	4			－

燦坤每季稅前盈餘變化					單位：千元
2011年			2012年		
季	稅前盈餘	年增率	季	稅前盈餘	年增率	達成率
1	372,675	3.88%	1	349,641	-6.18%	－
2	246,916	41.74%	2	193,698	-21.55%	－
3	325,782	9.53%	3	228,190	-29.96%	－
4	353,833	-2.41%	4			－

元，燦坤面色鐵青。」「3C 通路商燦坤擬配發現金股利 2 元，較去、前年都有 4.5 元的水準近乎腰斬，而去年全年 EPS 也僅 4.31 元，寫下近 2 年新低。今日盤中股價一度打入跌停板，報價 55.7 元，跌破月、季線，創下近 4 個月新低價。」

從燦坤的例子可以看出，在 2012 年 11 月公布前 3 季盈餘不佳時，就要小心了，因為現金流概念股的投資人關心的是，股息是否能維持以前的發放水準，看起來機率不大，就要小心謹慎。如果到了隔年，也就是 2013 年 3 月 10 日公布前一年度配息腰斬僅剩 2 元時，已經來不及了，股價由 60 元下跌到 54 元。

案例4 超豐：從營收數字 提早買進潛力股

講了一堆現金流概念股失敗的案例，也必須強調，經過小心謹慎的分析，在合理的價格買進，現金流概念股的投資勝率其實不低，有關成功的投資案例，我先講超豐（2441）。

2013年11月超豐公布前3季每股盈餘，總計為2.02元，假設次年度公布2013年的股息發放也是這個數字，當時股價在25元左右，現金殖利率高達7%以上，是不錯的買進時點。

這部分並沒有高估，後來公司宣布的股利也是2元，與我估計幾乎一樣。如果你在25元左右買進，然後在32元以上賣出，這是用現金流殖利率評價的好案例。

超豐（2441）每股盈餘			
2013年	每股盈餘	2009～2012年	每股盈餘
第4季	0.89元	2012年	2.24元
第3季	0.78元	2011年	1.63元
第2季	0.73元	2010年	2.82元
第1季	0.52元	2009年	2.74元
每股淨值21.58元			

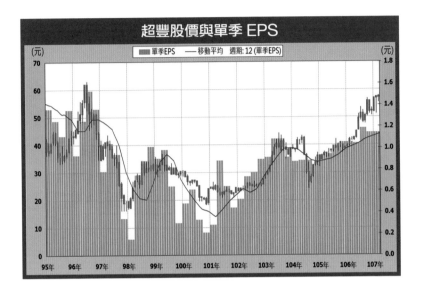

超豐股價與單季 EPS

單季EPS ━移動平均 週期:12(單季EPS)

案例5 葡萄王：殖利率符合預期 就能買進

2011 年第 4 季，葡萄王（1707）的股價低於 40 元，只要看到現金流（股息）穩健成長，現金殖利率也夠高，就是不錯的買進時機。

當然必須在現金殖利率高於 6% 的時候才能買進，後來這檔股票由 40 元以下，一直漲到 250 元。如果 2011 年第 3 季的財報亂流沒有干擾到你，你就可以從容地在殖利率高於 6% 時的超低價買進，賺取穩定現金流。

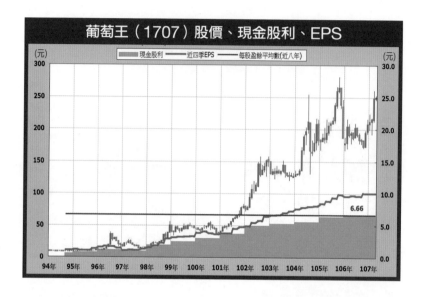

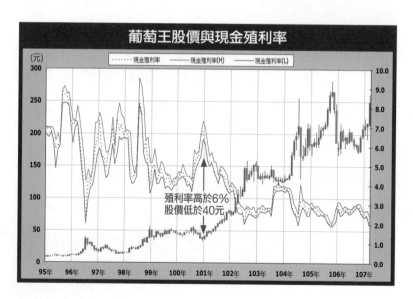

案例6 中華電：每年都有合理價可進場

　　中華電（2412）是典型的現金流概念股，長期以來，現金股息皆維持在 5 元上下。最近幾年每年有幾次機會殖利率高於 6%，是不錯的買點，通常這種防禦型股票是大型機構法人資金暫停的標的，當有其他較好的標的時就會連續賣出，使股價來到合理的價位，投資人可以利用這種時機點買進。

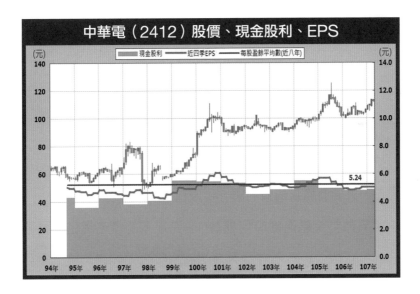

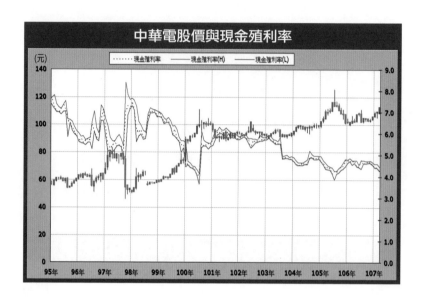

案例 7 新保：盈餘、股息穩定成長

新保（9925）是不錯的現金流標的，盈餘和股息每年穩定成長，只要有適當的殖利率，可以在不錯的價位買進。

如果你在金融海嘯時用低於 15 元以下的價格買進，是絕佳的投資機會，然而在金融海嘯時，該公司的獲利還是受到影響。在 2010 到 2011 年這段時間，盈餘和股息已經恢復穩定，有很長一段時間殖利率高於 6%，股價在 25 元上下，是現金流概念股不錯的投資時機。

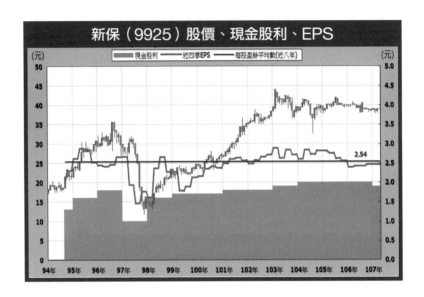

新保（9925）股價、現金股利、EPS

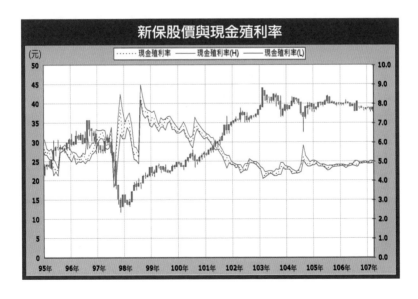

新保股價與現金殖利率

案例8 信邦：以合理價格買進成長股

信邦（3023）自2011年開始每年盈餘及股息都持續成長，在2011年平均殖利率7.9%的位置買進，一直持有到2017年，8年來持續配了近20元的股息，平均收盤價也由21.3元漲到75.8元，不但股息已經接近買進成本，54.5元的價差更是讓投資人大賺一筆。

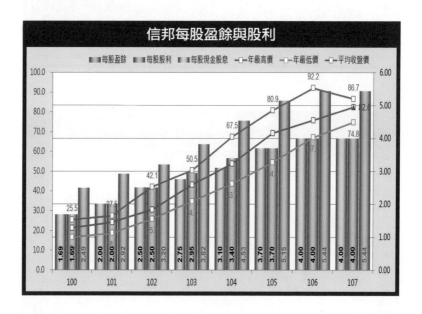

信邦每股盈餘與股利

投資筆記本

小資達人投資術

投資達人二兩採用相對價值投資法，在17年間獲利高達76倍。願意花時間研究股票的小資族，可以學習二兩的操作方法，快速達到財務自由。

小資族適合長期持有股票嗎？

　　小資族適合像巴菲特一樣，選好股、低價買進、長抱不賣嗎？巴菲特說，如果每個人一輩子只能下單幾次，就會小心謹慎下單。問題在於，巴菲特會很小心選股，在很好的價格買進，買進後長期持有，其中都涉及「等待」。

　　如果你期望的年複合報酬率為12.5%，那麼依照「72法則」，你的投資需要5.76年才會增加1倍。假如你在32歲存了200萬元，決定開始當專業投資人，到了38歲，你會擁有

400萬元的淨值，到了43歲，會擁有800萬元，這樣子的投資，速度會不會太慢？

當然，如果你能像巴菲特前幾年一樣，擁有27%的複合報酬率，財產只要2.67年就能增加1倍、5.3年增加3倍、8年增加7倍，到了40歲就可以擁有1,600萬元。聽起來雖然不錯，但距離財務自由還有很長的路要走。

買錯股票 長期持有是災難

所以不斷買賣，賺取波段價差，也許是一種更快速的方法。長期持有與不斷買賣賺波段，差異在於交易成本。如果你持有對的股票，長期持有當然是完勝，然而，萬一持有不

小辭典

72法則

以72除以年報酬率，可以簡單估算，需要幾年能讓原投資金額加倍。例如年報酬率8%，72÷8＝9，表示需要9年，可以使得投資金額增加1倍。

成長的股票，或者是錯的股票，長期持有則會是災難。

巴菲特說，卓越的企業遇到小麻煩時，低價買進它的股票很幸福。問題是，你哪裡知道，那是小麻煩還是大問題。像 Sony 或 Kodak 這些國際知名的企業都會遇到大問題，在台股可以維持 10 年長期成長的公司並不多，長期持有到底是對或錯，可說是個未知數。

如果是做價值投資，在遠低於內涵價格買進，等均值回歸到內涵價值時，賺取安全邊際，這樣總可以吧？這麼做要看時機，在大多頭，要找低於內涵價值的股票不容易，小資族只能等待。價值投資就是等待，等到空頭來時，才有適當的標的買進，然而，空頭來時，可能才是痛苦的開始！

相對價值投資法

有另外一種投資方式，值得介紹給大家，那是投資達人二兩所創的「相對價值投資法」，參考彼得‧林區（Peter Lynch）、約翰‧聶夫（John Neff）及坦伯頓（John Templeton）的投資理念。他採用 95%～100% 的持股水位，不論多頭和空頭均滿持股，17 年間獲利 76 倍，年複合報酬率超過 33%。

投資達人二兩

小檔案

出生：5 年級後段班
學歷：台灣工業技術學院
經歷：某財團不動產租賃部專員、證券營業員
股票投資資歷：20 年以上

　　不同於價值投資法，二兩的相對價值投資法，在多頭不斷賣出已漲上去的股票獲利了結，並轉進低本益比的股票；在空頭則賣出景氣或營運不明的股票，並轉進景氣或獲利較佳的公司。

　　總而言之，不論多頭與空頭都是滿持股，沒有停損或停利的問題，只有換到更便宜、更好的股票。這樣就可以擺脫貪婪和恐懼的心理負荷，而能更理性地執行投資策略。

　　在接下來的章節中，我們將介紹二兩的投資策略給小資族參考。

投資大師彼得‧林區建議投資人，可以從生活中尋找好股票，例如在美國，早上都要喝咖啡，星巴克可以當投資標的。

在台灣，每天要打電話，中華電（2412）是不錯的選擇。有一些達人利用上班的機會，認識上市公司的客戶和供應商，建立起認識公司的資訊通道。有些人參加一些團體，例如扶輪社、獅子會、青商會或工商研習會，認識社友的公司

與經營方式。另外有人以電訪、參加股東會和法說會來認識公司，這些都是好方式。

以下是投資達人二兩認識公司的5種方式，大家可以學習。

方法1 四季報、股市總覽

閱讀四季報及股市總覽，是認識公司的不錯方式，可以快速瀏覽1600家上市公司，看到有興趣的公司可以把頁面折起來，例如營收、盈餘年年成長，負債比率小、資本額比較小的公司。

大公司通常有很多人研究，所得資訊可以反映公司前景，除非市場變得貪婪或恐懼，否則不適合小資族。小資族想要變成打敗巨人的大衛王，選擇市場較無效率的小公司會比較有機會。

因為這類公司的規模較小，法人機構研究不多，或者是成交量較小，大鯨魚無法進入小池塘。雖然股市總覽寫得不是很詳細，但是能在半頁或一頁的篇幅快速瀏覽公司，也是不錯的方法。

方法2 書報雜誌、投資部落格

要擴大自己的視野，增加觀察標的，書報雜誌是不錯的資訊來源，通常大家都不建議買進書報雜誌介紹的股票，因為很容易成為出貨的目標，然而卻可從書報雜誌的標的認識新公司。這就像明牌一樣，對散戶來説，明牌是主力出貨的方式，但對於懂得分析公司的專業投資人，明牌卻是認識公司的好方式，因為自己可以評估公司的合理價格。換句話説，介紹朋友給你認識，要不要深入交往，你自己可以決定。

方法3 以股找股

以股找股是二兩的絕招，用這種方式可以領先找出法人的概念股，例如當你發現茂順（9942）是南崗工業區的公司時，也會發現鑫永銓（2114）是同工業區的概念股，而且很多小而美的典範企業，其實都設在南崗工業區。你發現伸興（1558）在越南設廠，同時可找到廣隆（1537）也是越南概念股。

上下游公司也是以股找股的不錯方式，例如你買了新麥

（1580），就會發現做烘焙油的南僑（1702）；買進中華豆花的中華食（4205），就會同時注意到黃豆的最大使用者大統益（1232）。

用以股找股的方式賦予故事，當這個故事被法人及市場認同時，就會變成概念股。不過，投資法人已提出的概念股，可能成為出貨的目標；領先法人提出概念股，則可能成為贏家，例如投資達人總幹事提出的「阿土伯概念股」。投資界四大天王買水果都買最貴、最好的，買股票也買最貴、最好的概念股，這個觀念在2007年成為顯學，被市場追捧。

方法4 年報、新聞、法人報告、財務報告

媒體、法人的投資研究報告，也是認識公司的不錯來源。你知道台汽電（8926）投資的4家電廠提出增加發電時數環評，其中有一家已通過環評，可以增加發電時數嗎？你知道帝寶（6605）訂單接滿，要增加20%的產能嗎？你知道台泥（1101）其實是一家電力公司嗎？通過媒體新聞、法人投資報告，並且研究公司的財務報表及年報等資料，可以逐漸了解公司。

　　二兩認為，個股追蹤是費時的工作，尤其在營收與財報公告那幾天會特別忙碌。每個人都應該專注在自己追蹤的標的，而不是別人提供的表格內的股票。投資必須自食其力，別人的股票若沒有成為自己花時間研究的股票，通常不敢買或買不多，也抱不住。

方法5 試單：不交往 怎能深入認識

　　這個認識公司的方法比較特別，就是不斷與公司交往，藉著每次交易，就可以更認識這家公司。所以1%～2%的試單交易很重要，買了就會跟它交往，注意新聞、法人進出，還有景氣前景。二兩曾經買進同一檔股票4年，這4年買來賣去，試了又試，都賺不到什麼錢，為什麼？因為時機未到。

　　因為累積了對這家公司的熟悉度，也持續追蹤公司的發展，二兩才在2014年再次買進，並且敢於加大持股，獲利頗為豐碩。

追蹤個股：建立Word檔案

選好股票當投資的追蹤標的之後，就可以開始建立檔案，隨著能力圈的增加，追蹤的標的可以從5家增加到10家，然後到30家，投資達人二兩可以同時追蹤100家公司。

要管理這些公司，必須建立檔案，一個是 Word 檔案，用來紀錄公司的必要項目，另外一個是 Excel 檔案。以下先介紹 Word 檔案，Excel 檔案下一章再介紹。

Tips

追蹤個股 Word 檔案

❶ 股本
❷ 歷年盈餘和股利
❸ 各季的稅後淨利
❹ 認列轉投資收益
❺ 各廠或各分行的獲利歷史資訊
❻ 其他重要相關文章與研究報告

以興櫃公司上海商銀（5876）為例，Word 檔案的資料如下：

❶ 股本：上海商銀 2014 年底股本 380.87 億元

❷ 歷年盈餘與股利

上海商銀（5876）盈餘與股利			單位：元	
年度	稅後盈餘	EPS	配息	配股
2005	64.46億	4.35	3	0
2006	80.77億	4.11	1.45	1
2007	86.57億	4	1.35	1
2008	54.63億	2.32	1.1	0.4
2009	73.43億	2.89	2.5	0
2010	92.01億	3.62	3	0
2011	86.77億	2.45	1.5	0.5
2012	95.28億	2.56	1.5	0
2013	101.43億	2.72	1.5	0.25
2014	109.07億	2.86	1.5	0.5

❸ 各季的稅後淨利

上海商銀各季稅後淨利				單位：億元
年度 ＼ 季度	Q1	Q2	Q3	Q4
2006	18.2	22.8	22.2	17.5
2007	21	25.7	25.5	14.3
2008	16.4	18.2	18.1	1.9
2009	12.5	27.8	19.5	13.6
2010	18.4	30.7	20	22.9
2011	21.2	10.2	20.6	34.8
2012	21.6	22.7	24.1	26.8
2013	25.5	23.5	22	30.4
2014	25.8	26.7	27.5	29
2015	27.7	33	26.9	31.4

❹ 認列轉投資收益

上海商銀認列轉投資收益	
年度	金額（百萬元）
2010	3,988
2011	3,916
2012	3,725
2013	3,941
2014	4,277
2015	4,655

❺ 各廠或各分行的獲利歷史資訊

香港： 42分行、1代表處

海外： 4分行，舊金山、紐約、洛杉磯及倫敦分行

大陸： 深圳、上海分行

香港上海商銀淨利	
年度	淨利（港幣／億元）
2005	14.72
2006	16.62
2007	22
2008	11.86
2009	13.36
2010	17.00
2011	17.98
2012	16.48
2013	17.84

追蹤個股：
建立Excel檔案

對個股建立 Word 檔案後，為了評估股價是否便宜，以及追蹤基本的獲利資訊，必須對追蹤標的建立 Excel 檔案，二兩的檔案格式如下：

| 二兩的 Excel 個股 EPS 追蹤表 | | | | | | | | 單位：元 |
月營收	代號	名稱	2010年	2011年 Q1	2011年 Q2	2011年 Q3	2011年 Q4	2011年	2012年
ok	8072	陞泰	7.33	2.13	4.3	6.5	0.0	8.5估	8.5估

這是二兩多年來發展出來的 Excel 個股追蹤表，EPS 數字在財報公告後就用年末（排除年中現增的失真）和稀釋後（排除可轉債或認股權的失真）股本計算，一家家把數字打上去。發現值得投資或納入的公司就列入，發現失去希望的公司就刪除，二兩持續追蹤 50～100 檔股票。

月營收與 EPS 用 3 個顏色標示，如果本月營收公告是正常區間用綠色 ok，不好用藍色 ok，很好用紅色 ok，就如同景氣燈號的綠藍紅，年度與各季 EPS 也可以如此標示。

電子股用紅字標示，傳產股用黑色，若是已持股，表格前再填上占投資組合的百分比，如果受美元升貶影響，用紅字標示百分比，如此可在下面用公式計算，投資組合中有多少比重受外匯影響。另外也可以用其他主題計算持股比重，如中國加工不利股、中國內需受惠股等。投資組合可以加總估計持股整體本益比、整體平均配息收益率。

因為是手工紀錄，EPS 大約多少心裡有數，看著追蹤股的股價每天跳動，股價對應本益比的高低，心裡也大約有個數。至於股東權益報酬率、歷年股息配發率、財務與現金流量表，在看公司的財報與發展進程時，心裡也有個底。

以2017年底的持股為例，二兩加上了持股比重，同時計算總持股的估計本益比和殖利率，這還涉及到EPS的估計和選股的準則，我們在下一章詳述。

以市價估計，投資組合的本益比約11.5倍，股息殖利率約5.4%。這個Excel檔案是二兩投資與換股操作的主要依據，從營收及估計當年度和次年度的EPS，可以清楚看出產業及公司是否成長。

投資達人二兩 2017 年底持股		
名稱	代號	持股比重
廣隆	1537	1.4%
F-泰昇	8480	1.6%
敦陽科	2480	2.2%
F-東明	5538	2.4%
F-豐祥	5288	3.3%
慶生	6210	3.5%
上海商銀	5876	4%
維熹	3501	5%
崇越電	3388	5%
百略	4103	6.2%
伸興	1558	6.6%
博大	8109	6.6%
茂順	9942	7%
新巨	2420	7.7%
宏正	6277	8.6%
F-JPP	5284	8.9%
華立	3010	11%

滿持股與
小型冷門股

投資達人二兩的投資策略可以歸納為：100% 持股小型股動態調整價值型投資。聽起來很拗口，但這是他的投資精隨。

首先說明「滿持股」，二兩認為，多頭市場比空頭市場的機率大很多，要穩操勝算就必須長期持有股票，當然，最理想的是，避開大空頭，然後在底部重押，但那是不可能的任務，因此，二兩認為，滿持股的勝算比較高。

二兩曾經統計台股的多空走勢，所得結果與肯恩‧費雪（Ken Fisher）所做的統計資料一樣。費雪統計，美股年度是漲的比重大約7成，而依照二兩的統計，台股2001～2017年共16年間，跌的年度4年，漲的年度12年，漲的年度是75%，也是大約7成。

台股年底指數 vs 大盤指數				
年度	年底指數	大盤報酬	大盤含息指數	大盤含息報酬
2001	5551	17.13%	5270	22.13%
2002	4452	-19.80%	4452	-14.80%
2003	5890	32.30%	6021	35.24%
2004	6139	4.23%	6478	7.59%
2005	6548	6.66%	7187	10.94%
2006	7823	19.47%	8944	24.45%
2007	8506	8.73%	10062	12.50%
2008	4591	-46.03%	5728	-43.07%
2009	8188	78.35%	10502	83.34%
2010	8972	9.57%	11928	13.58%
2011	7072	-21.18%	9783	-17.98%
2012	7700	8.88%	11050	12.95%
2013	8611	11.83%	12723	15.14%
2014	9307	8.08%	14172	11.39%
2015	8338	-10.41%	13198	-6.87%
2016	9253	10.97%	15256	15.59%
2017	10642	15.01%	18234	19.52%

以費雪的觀點來看，抱持死多頭者，即使沒逃過空頭，勝率依然比死空頭者高很多，而且多頭還可加計台股上市平均4%的年股息。

在這16年間，二兩也試驗滿持股，可說是死多頭的抱股者，雖然沒有躲過空頭，但是持續下來依然有不錯的報酬率。持續且專注管好投資組合中的個股品質，不去理會大盤的多空走勢，即使沒有擊出全壘打，但也可以打出得分的犧牲打。

坦伯頓也認為，在高點躲過大崩盤的人，在底部時往往認為還會再跌，而沒有大幅加碼。甚至在確定回升的態勢後，也只會投入部分資金，長期而言，報酬率不見得會高於滿持股者。就是這些股市大師的經驗，讓二兩也堅持滿持股的資金配置。

然而，對於當時還是小資族的二兩來說，想要和擁有資金與資訊的法人一爭高下，成功機率相當小，所以必須避免與「大咖」正面衝突，找到自己勝率較高的戰場。

葛林布雷（Joel Greenblatt）的「小型股戰場」，就是讓小

蝦米可以戰勝大鯨魚的方式。他認為,散戶要善用投資小型股的優勢,基金、大戶、法人沒法碰小型股,因為量小不夠買,既然只能買很少,又要花時間去追蹤,不符效益,當然會放棄。

所以,在小型股市場,散戶的競爭者少了這些人(台灣單一基金不得持有公司超過10% 股權,或達基金淨值10%,對保險公司也有相似規定)。

二兩也認為,投資小型冷門股,也許是他過去的投資績效不錯的主要原因。

滿持股具有頗大風險，主要是來自個股風險。太集中於少數持股，當主要持股出狀況，造成股價腰斬，會久久回不去。

動態調整持股 提高獲利機率

二兩發現，大腸桿菌對環境溫度升降，有生存保護的動態調節機制，似乎所有生命都有此功能，才能存活到現在，

所以在投資組合上，他也採取動態調節機制。一直衡量、比價、以股換股，營收、毛利不如預期，或者個股的品質信任度低，即不惜停損全數出清。

一般人認為，停損出清是割肉，但二兩認為，賣掉不好的公司，買進便宜又好的公司，使自己的投資組合更健康，其實是將停損的痛苦換成對未來前景的期許，反而不會那麼痛苦而無法自拔。剪掉長髮更清爽、除舊布新更健康，這就是二兩的動態調整策略，在滿持股的投資組合中，不斷監控個股的風險，不斷換股以保持獲利機率高的投資組合。

二兩的動態持股策略是：

● 賣掉高本益比、買進低本益比

● 賣掉超漲股、買進低估股

● 賣掉個股品質信任度低、買進個股品質信任度高

● 賣掉殖利率低、買進殖利率高

對於大盤的多空走勢，二兩也有求生之道，甚至在空頭也能賺錢。當大盤看空，就賣出成長股，轉進防禦型股票，可以降低大跌的機率，甚至可能因為提早買進，之後法人才相繼躲進防禦型股票而大賺一筆。即使沒有大賺一筆，防禦型

股票的配股配息也可以讓二兩撐過空頭，等待多頭的來臨。

如果大盤已經觸底回升，就將資金由停泊的防禦型股票提出，轉進跌很多的成長型股票，可以獲得較高的期望報酬。

動態調整不一定是價值型投資，也可能是賣掉弱勢股、買進強勢股的動能投資策略。二兩主要還是採用價值投資法，買進低本益比或高殖利率的股票，賣出高本益比或極低殖利率的股票，通常這就是價值型投資的基本原則，這也是為什麼必須建立基本檔案，以評估合理股價的原因。

用 3 把傘對抗風險

滿持股的風險較大，必須有風險控管機制，才能夠維持生存，二兩採用了「保命3把傘」來對抗風險：

保護傘 ❶ 投資組合的股息保持在 5% ～ 6%

股息對投資人非常重要，是第1把保護傘。有了5%～6%的股息，可以確保在空頭時有收入，讓你撐到多頭，而且長期配發現金股息的公司，體質較好，不容易發生財務問題。

台股10年線是7000點，擁有的投資組合股息在5%～6%，以5.5%計算，7000×5.5% ＝ 385點，用一個景氣循環

5年估計，5年×385＝1925點，加上股息滾入複利大約是2,000點。也就是說，5年的股息，等於把7,000點的持股成本降到5,000點，而5,000點是台股的大底部區，讓投資在5年內立於不虧本之地。

保護傘 ② 適度分散的投資組合

如果只投資少數幾家公司，且不幸都屬於「慘業」，連股息都發不出，那就垮了，所以需要第2把保護傘來確保股息，那就是適度分散的投資組合。假如持有20家公司的股票，有些公司獲利成長、股息成長、股價也漲，有的則原地不動，有的是負成長，這樣就可以相互平衡，只要投資組合管理良好，就不會輸給大盤指數。

保護傘 ③ 不要融資

二兩在2000年時差一點因融資而斷頭，雖然融資可以很快讓身價從幾百萬變成千萬，但空頭來臨時，會一直面臨追補保證金之苦。還好，二兩在一次反彈時斷尾求生，讓他保有本金，可以東山再起。

不要融資，除了可避免貪念，還可以用較正常的心態來做投資決策，有融資壓力，會讓你在多頭時賣太早，在空頭時

則會因為怕被追繳斷頭而早早停損出清，因此，不要融資是二兩的第3把保護傘。

動態持股也是存股

或許你會問，一直不斷換股，不是為了實現損益嗎？沒有變成現金，哪知道最後是賺是賠？對二兩而言，藉由不斷換股，賣掉高價及本益比高的股，買進低價及本益比低的股，自然而然會擁有越來越多張股票，其實也是存股的概念。

股票越來越多張，不是買進持有等來的，而是不斷換股換來的。至於個股的賺賠，是否已實現或未實現利益，並不重要，只要整體投資組合的淨值持續成長，就是獲利，又何必在意個別股票的賺賠呢？

換股操作4方法

投資達人二兩的動態調整價值型投資法，採用4種換股方法。

方法1 高本益比換低本益比

2012年8月下旬，佳格（1227）股價80元，本益比達20倍，同時聯華食（1231）已經打入統一超商的生鮮市場，並持續擴廠，2012年第1季每股盈餘0.91元，比前一年同期的

0.66元成長38.7%，估計2012全年度可達3.6元，股價由50元跌到38元，本益比僅11倍。所以二兩賣出高本益比的佳格，買進低本益比的聯華食。

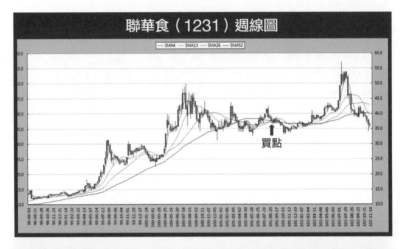

聯華食（1231）週線圖

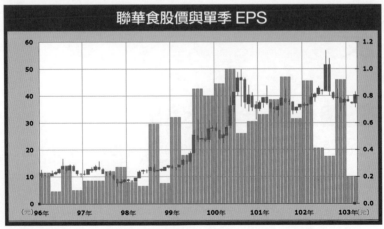

聯華食股價與單季EPS

　　買進以後，聯華食的財務數字並不如預期，可說是逐季下滑，股價也從38元跌到2013年9月的33.1元，然而二兩持續往下加碼，到了2014年3月股價又回到40元以上。敢往下加碼重押，就是獲利的關鍵，一般人賠了20%，早就受不了而停損了。

　　但是二兩認為，營收仍然看好，短期不如預期主要是擴廠進度延遲所致，擴廠效應即將出現因而往下加碼，最後果真股價回來40元以上，而且營收也回溫了。

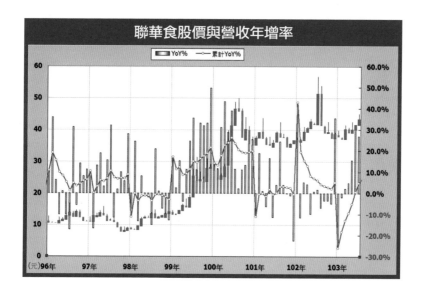

方法2 營收不好 轉營收盈餘穩健標的

　　永裕（1323）在2014年第4季獲利創新高，然而到了2015年第1季的每股盈餘居然大幅衰退。2015年開始，中國市場的營收持續衰退，到了3月營收公布時，不等第1季財報公布，二兩即在4月中旬賣出永裕。

　　賣出永裕的同時，買進獲利前景不錯的玉山金（2884），2015年第1季稅後淨利31.81億元，比前一年同期26.81億元成長11.18%，估計全年仍能有2位數的盈餘成長。

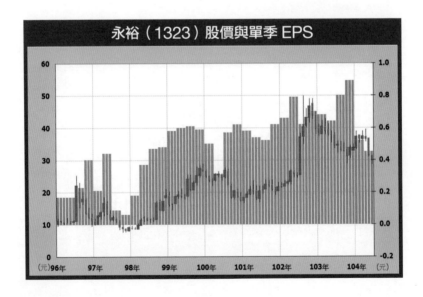

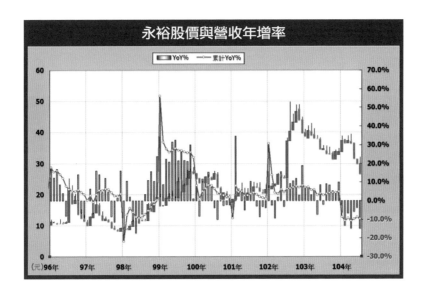

永裕股價與營收年增率

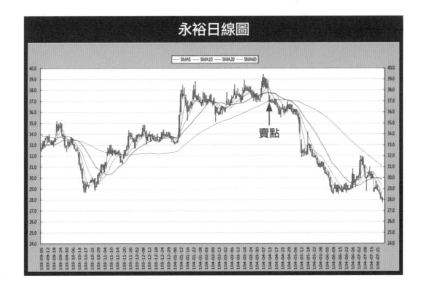

永裕日線圖

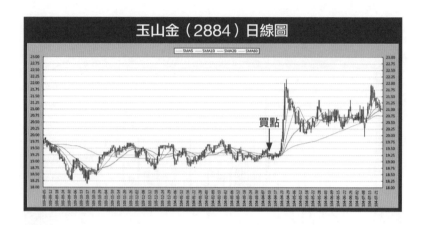

方法3 多頭來臨時 防禦型換成長型

2012年8月底，二兩覺得大的頭肩底已經成形，多頭可能再度來臨，所以賣出防禦型股中碳（1723），買進成長型股茂順（9942）。

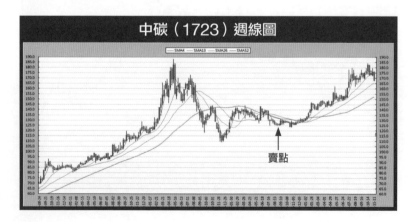

　　其實，中碳和茂順都是在2013年市場對傳產股及現金殖利率股認同後才飆上去，二兩認為，茂順2012年第2季的每股盈餘相當不錯，所以賣出中碳，買進茂順。

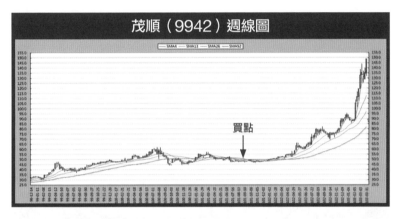

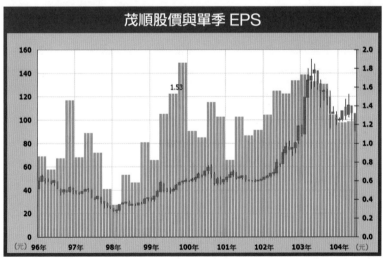

方法 4 看空大盤時 成長型換防禦型

花仙子（1730）在2014年發放2.7元現金股息，預期會成
為高現金殖利率概念股。

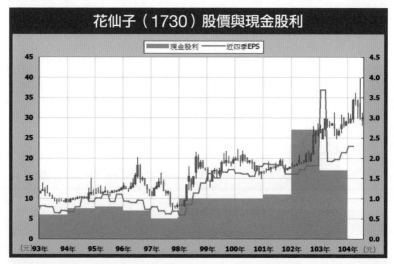

花仙子（1730）股價與現金股利

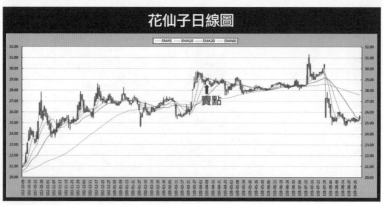

花仙子日線圖

　　果然，在2014年3月底、4月初櫻花盛開時，花仙子由27元漲到29元，本益比已高，二兩賣出，轉進崇越（5434）。崇越有穩定配息，而且獲利也很穩定，是台積電概念股，二兩認為是不錯的防禦型股票。

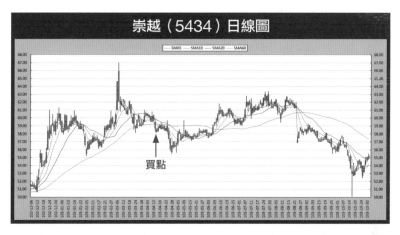

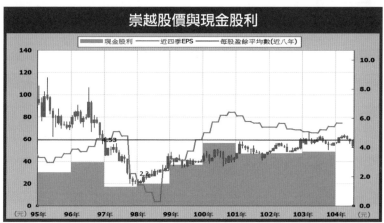

5-8

現場臨摹
交易技巧

某一年的暑假尾巴，剛好是半年報公布的時間，我連續18天跟二兩通訊，以了解他當初買進與賣出個股的原因，整理成投資日誌如右頁。

從日誌中可以看出，18個交易日有29筆交易，他是個頻繁的交易者。在財報公布時，要隨時盯盤，注意公布的數字，做出停損或加碼的決策，要當投資達人其實不輕鬆。

日期	代號	公司	買進賣出	價格	原因
8月22日	5354	崇越	賣出	48.85	因為毛利持續偏弱，未來可能變成殖利率概念股
8月23日	2373	震旦行	買進	44.19	還是看好未來大陸的辦公室市場
8月24日	3388	崇越電	買進	62.86	矽膠的用途很大，大陸要設廠對崇越電長期利多，60元地方成為底部
	1580	伸興	買進	101.00	越南廠產能將要開出，營收成長預期
8月24日	6605	帝寶	買進	65.64	訴訟問題解決，上半年3元，全年6元，明年可能7~8元
	1580	新麥	賣出	135.05	轉帝寶
8月27日	1707	葡萄王	買進	61.00	跌太多，生技股本益比本來就很高
8月28日	9914	美利達	買進	101.00	跌太多，有品牌的公司本益比12，巨大不跌不會跌
	1580	新麥	買進	113.50	跌太多，有品牌，回補
	9951	皇田	買進	35.00	體質已改善
8月29日	4401	東隆興	買進	24.57	目前在低點，估計每會到3~4元，俏鴻會進貨
	1723	中碳	賣出	125.50	錢躲在這裡，如果變成長期持有，至少比定存好，現在可以賣出撿便宜貨
	9942	茂順		48.20	財報沒有想像差，目前跌不下去了
	4535	至興	賣出	46.08	財報亂七八糟，果然單一持股不宜過高
8月30日	4535	至興	賣出	44.00	財報亂七八糟，營收上升毛利大幅下滑，第4季的財報就有這個問題了
	2373	震旦行	買進	44.20	賣至興買進
	1537	廣隆	買進	55.00	財報相當不錯，舍息，少數的本益比低於10倍股
	9942	茂順	買進	47.80	財報沒有想像差，營收衰退毛利上升，目前跌不下去了
	1323	永裕	買進	22.50	獲利賺錢持續增加，毛利下滑，低價原料可能第3季使用
8月31日	2616	山隆	買進	19.85	財報不錯，本益比低於10，股價淨值比低於1，有很多投資在大陸5%未實現
	4535	至興	賣出	43.20	財報亂七八糟，果然單一持股不宜過高
9月3日	2616	山隆	買進	20.00	財報不錯，本益比低於10，股價淨值比低於1，有很多投資在大陸5%未實現
9月4日	6605	帝寶	賣出	65.00	轉東隆興
	4401	東隆興	買進	25.09	持續看好
9月11日	2904	匯僑	買進	28.41	營收很漂亮，有一些還待澄清
9月12日	2373	震旦行	買進	44.94	獲利沒有亮眼，轉中碳及百略
	4103	百略	買進	49.60	每股賺4元，看起來不錯，美國銷售第1名，溫度計及血壓計賣的不錯
	1723	中碳	買進	126.00	跌不下去了
9月14日	1231	聯華食	買進	38.00	營收都不錯，預期第3季財報不錯

二兩交易的原因包括：

❶ 財報數字不佳，停損賣出，如至興（4535）停損賣出絕不手軟。

❷ 疑慮解除，未來能見度佳，買進，如帝寶（6605）及皇田（9951）。

❸ 已經跌到便宜價，回補當初賣出持股，如葡萄王（1707）、新麥（1580）及美利達（9914）。

❹ 防禦型股票當做資金的停泊與轉出，如中碳（1723）。

❺ 財報比預期好，買進，如永裕（1323）、茂順（9942）。

❻ 逢高出脫轉股，賣出，如新麥轉帝寶。

❼ 找到未來的潛力股，買進，如東隆興（4401）。

❽ 資金的停泊站，買進防禦型股票，如山隆（2616）及匯僑（2904）。

5-9

小資族
財務自由捷徑

投資達人二兩的投資方式簡單說就是：持續追蹤個股，建立追蹤個股檔案，由30檔、50檔、100檔一直增加，然後估計每檔股票的每股盈餘，判斷盈餘是成長或衰退，再計算每檔追蹤股的本益比。

接著開始不斷換股，賣出財報有疑慮的個股，買進前景不錯的個股；賣出本益比已高的個股，買進本益比低的個股；狀況不對，增加防禦型股票的持股比率，發現成長機會不錯

的股票，則賣出防禦型股票，買進成長股。

當持股持續上漲，導致持股比率占總投資組合超過20%時，就陸續減碼，動態評估整體投資組合的持股比率及股息殖利率，儘量將持股減少到20檔以內，單一個股的持股比率最多不要超過20%。為了長期撐過崩盤，投資組合的股息殖利率要維持在5%～6%。

雖然不斷換股，目的卻是降低風險。不過，滿持股就是風險，所以必須隨時注意個股訊息，了解越透徹，風險越低。持續不斷買低賣高，處分前景不明、財報不佳的個股，買進低本益比或有潛力的成長股，隨時且持續改善投資組合的體質，就是降低風險最有效的方法。

很諷刺的，這種頻繁交易的動態調整投資法，居然是存股及價值投資法，因為隨著賣出本益比高的獲利股，買進本益比低的便宜股，股票張數會一直增加，這也是存股的方式。因為這種投資方式是看總投資組合的淨值是否增加，所以不必在意個別股票的輸贏。

一般人重視個股的損益，股價跌太多時，會有割肉的感覺，不肯停損。如果以維持整體投資組合的健康體質來看，

賣出體質差的股，買進有前途的潛力股，其實應該高興，怎麼會有套牢的痛苦呢？滿持股反而不痛苦，真的有點不符合正常思維。

在多頭滿持股最幸福，有時候年報酬率可達100%以上，但是到了空頭就要處變不驚，必須將持股放在防禦型股票，降低空頭的損害，同時保有5%～6%的殖利率，有現金流可以過生活，並將股息再投入，即可平安度過5年的股市循環週期。

雖然滿持股，風險並沒有那麼大。花很多時間持續監控個股與交易，確實辛苦，但這卻是小資族快速獲得財務自由必須付出的代價，下頁表格是二兩歷年的投資報酬率。

從表格中可以看到，17年的報酬率高達76倍，如果你擁有100萬元的第一桶金，8年後就可以達到初步財務自由的1,000萬元。

選擇適合自己的投資方式

這種投資方法每個人都可以學，但你不一定有那麼多時間投入（只有專業投資人才有辦法整日分析與看盤），縱使你

二兩歷年投資報酬率				單位：%
年度	資產年增率	大盤報酬	大盤含息報酬	超越大盤	累計
2001	29.29	17.13	22.13	7.16	29.29
2002	102.25	**-19.8**	**-14.8**	117.04	161.48
2003	38.56	32.3	35.24	3.32	262.32
2004	26.77	4.23	7.59	19.18	359.32
2005	25.93	6.66	10.94	14.98	478.42
2006	42.6	19.47	24.45	18.16	724.84
2007	27.6	8.73	12.5	15.1	952.48
2008	**-25.15**	**-46.03**	**-43.07**	17.93	687.81
2009	73.85	78.35	83.34	**-9.5**	1,269.48
2010	32.46	9.57	13.58	18.88	1,713.97
2011	**-4**	**-21.18**	**-17.98**	13.99	1,642.45
2012	38.75	8.88	12.95	25.8	2,317.65
2013	68.67	11.83	15.14	53.53	3,977.9
2014	32.17	8.08	11.39	20.78	5,289.87
2015	10.48	**-10.41**	**-6.87**	17.36	5,854.9
2016	16.27	10.97	15.59	0.67	6,823.52
2017	11.32	15.01	19.52	**-8.2**	7,607.03

有時間，你的心理素質也無法承受股票由80元跌到20元，遇到這種情況，你會賣出換股，還是苦苦地等著翻本？你會說，跌到20元才賣出的原因是，那個時候才看出財務數據轉壞，問題是，公司內部的人擁有你不知道的資訊，你只能吞下資訊不對稱的苦果。

如果你覺得自己無法採用二兩的投資策略，你可以根據前面幾個章節的內容，投資 ETF 或現金流概念股，符合上班族以工作為主、理財為輔的投資模式。穩紮穩打賺取每年6%～8%的報酬率，雖然需要較長時間才能達到財務自由，卻是每個小資族都能達到的目標。

採用動態調整價值型投資法，也許可以很快達到財務自由，但像二兩那樣成功的人並不多。30年前跟我一起進股市的人，現在沒幾個還留在股海中；那些曾經身價上億的股友，大多已經退出股市。長期投資 ETF，雖然看起來離財務自由比較遠，但是走得輕鬆、走得穩。

到達財務自由的道路，好走的、難走的，我們都介紹，就看你自己決定要走哪條路。無論如何，你都要跨出第一步，現在就出發吧！Just do it！

投資筆記本

五線譜投資術 進階版
活用五線譜
漲跌都能賺

作者：薛兆亨、Tivo168

總編輯：張國蓮
責任主編：周明芳
封面設計：蘇月秋

發行：金尉股份有限公司
地址：新北市板橋區文化路一段 268 號 20 樓之 2
電話：02-2258-5388　傳真：02-2258-5366
讀者信箱：service@berich.net.tw
網址：www.moneynet.com.tw

印刷：科樂印刷事業股份有限公司
總經銷：聯合發行股份有限公司

初版 1 刷：2018 年 5 月
初版 18 刷：2021 年 11 月

國家圖書館出版品預行編目（CIP）資料

五線譜投資術進階版：活用五線譜 漲跌都能賺 /
薛兆亨，Tivo168 合著 . - 初版 . - 新北市：金尉，
2018.05　268 面；17×23 公分
ISBN 978-986-95609-5-5 (平裝)

1. 股票投資 2. 投資技術 3. 投資分析
563.53　　　　　　　　　　107005601